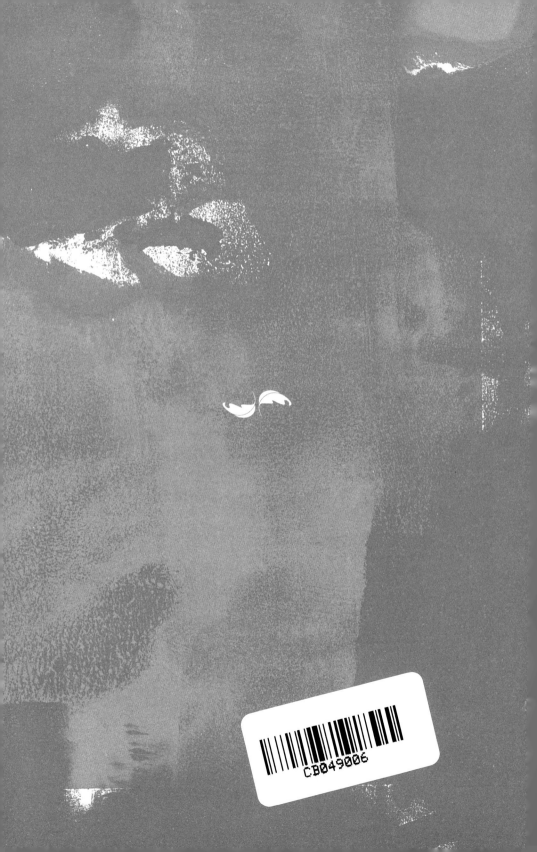

Larissa Chaves

InterVidas

Catanduva, SP
2025

Dedicatória

DEDICO ESTE LIVRO
A Deus sobre todas as coisas,
A Jesus, amigo e doce Rabi,

Aos mártires da fé que vieram antes de mim e pavimentaram com suor e lágrimas as estradas por onde agora caminho em segurança,

À minha avó Elisinha, meu primeiro exemplo no campo da fé,

Ao meu pai Benedito, que me deu muito mais do que tinha,

À minha mãe Maria José, pela presença constante e acolhedora,

Aos meus irmãos Benedito, Antônio, Sheila e José, pelos exemplos de força,

Ao meu esposo Ricardo, pela parceria amorosa na caminhada da vida,

Às minhas filhas Marina, Joana e Clara, por me ensinarem a amar.

♥

Sumário

prefácio
•{ 12 }•

introdução
•{ 16 }•

parte 1
Ponto de partida

capítulo 1
Prometo parar de fumar
•{ 26 }•

capítulo 2
Deus marcou para não perder
•{ 36 }•

capítulo 3
Conversas com Deus
•{ 46 }•

capítulo 4
Me leva na sua igreja
•{ 60 }•

capítulo 5
Tira ela daqui
•{ 74 }•

parte 2
Sem perder o fôlego

capítulo 6
Essa não é a sua linha
{ 88 }

capítulo 7
São todos seus
{ 100 }

capítulo 8
Quero ser voluntária
{ 110 }

capítulo 9
A carona que mudou tudo
{ 122 }

capítulo 10
Pai, qual é a sua religião?
{ 134 }

parte 3
A vista do monte

capítulo 11
Centro de amor, Mansão querida
{ 146 }

capítulo 12
Vamos marcar um Evangelho?
{ 158 }

capítulo 13
Você se levanta e fala
{ 168 }

capítulo 14
Tá com medo de cair?
{ 178 }

capítulo 15
Compra uma bala para me ajudar?
{ 190 }

parte 4
Nova subida

capítulo 16
Recalculando a rota
{ 202 }

capítulo 17
Você está sempre triste
{ 214 }

capítulo 18
É você que é palestrante?
{ 226 }

capítulo 19
Minha filha, está tudo bem!
{ 238 }

capítulo 20
Você está vendo isso?
{ 250 }

posfácio
Mais algumas palavras...
{ 262 }

prefácio

A grande tarefa do mundo espiritual, em seu mecanismo de relações com os homens encarnados, não é a de trazer conhecimentos sensacionais e extemporâneos, mas a de ensinar os homens a ler os sinais divinos que a vida terrestre contém em si mesma, iluminando-lhes a marcha para a espiritualidade superior.[1]

Emmanuel [Espírito]
Francisco Cândido Xavier

O LIVRO QUE ESTÁ EM SUAS MÃOS É UMA preciosidade!

A autora, como sugere Emmanuel na citação acima, tem conseguido ler e interpretar esses sinais divinos contidos na vida terrestre e nos convida, a cada capítulo que escreve, a fazer o mesmo.

Assim como nos encantamos com um belo jardim, uma revoada de pássaros, uma noite com céu estrelado, uma fonte de água cristalina, um

---

1. Emmanuel [Espírito], Francisco Cândido Xavier. *Caminho, verdade e vida*. 29. ed. Brasília: FEB, 2018. [cap. 136]

lindo poema e a delicadeza de uma borboleta, você se encantará com as surpreendentes histórias e com a escrita fluente de Larissa.

Alma sensível, ela aqui desvela a sua condição de filha, mãe, irmã, esposa e, em suas buscas pessoais pelos caminhos da fé e da espiritualidade, apresenta-nos aspectos da sua humanidade, da nossa humanidade.

As lágrimas e os risos, as sombras e as luzes, e as dores e as alegrias de Larissa nos cativam, interagindo e dialogando com nossas vitórias e nossos fracassos, levando-nos a refletir sobre o incondicional amparo divino que a todos acolhe, inspira e sustenta.

Sua narrativa é toda permeada por citações evangélicas e doutrinárias, à semelhança de um lindo bordado tecido com a linha suave de sua força e sua sensibilidade, sua inteligência e sua sabedoria, mas, sobretudo, de sua amorosidade.

Que esse livro inspire coragem, perseverança, desejo de viver e florescer, conhecer e, principalmente, uma vontade imensa de amar. Foi com esses sentimentos que concluímos esta leitura!

Cezar Said • Sylvia Said
Verão 2025

"O livro que está em suas mãos é uma preciosidade!

Assim como nos encantamos com um belo jardim, uma revoada de pássaros, uma noite com céu estrelado, uma fonte de água cristalina, um lindo poema e a delicadeza de uma borboleta, você se encantará com as surpreendentes histórias e com a escrita fluente de Larissa."

Cezar Said • Sylvia Said

introdução

*E, por se multiplicar a maldade,
o amor de muitos se esfriará.*
— Mateus, 24:12

A PASSAGEM ACIMA, ANOTADA PELO EVANgelista Mateus no vigésimo quarto capítulo de seu livro, refere-se à uma frase de Jesus durante um sermão profético sobre os eventos até o final dos tempos. Qualquer um de nós, mesmo o mais otimista, é capaz de reconhecer a presença da iniquidade na Terra, seja porque ela aumentou, como muitos supõem, seja porque passamos a ter acesso, em tempo real, ao que ocorre em todo o mundo.

Escutei, certa vez, a seguinte frase: "a felicidade mora na ignorância". Sob certo ponto de vista, ela faz sentido, mas com o acréscimo de que essa não é a verdadeira felicidade, mas apenas uma ilusão de bem-aventurança. Por muito tempo, a humanidade viveu essa "felicidade" aparente, fruto da ignorância sobre as atrocidades que sempre existiram em um planeta como o nosso, em que o mal ainda prevalece sobre o bem. Se eu tivesse acesso somente ao mal que chega diretamente até mim, talvez me sentisse mais feliz. Todavia, enquanto observo minhas três filhas brincando tranquilamente no chão da sala de casa, sei que tantas outras crianças vivem em zonas de guerra, completamente vulneráveis e desprovidas de proteção.

Minha hipótese, portanto, não é a de que a maldade tenha aumentado, mas a de que estamos mais conscientes do que é o mal e mais informados sobre suas ocorrências. Situações que aplaudiríamos há dois mil anos, hoje, provavelmente, nos causam horror. Isso é uma boa notícia, embora não resolva o problema em si. Contudo, ao discernir mais sobre o bem e o mal e ter mais acesso às notícias, um tsunami de impotência e pessimismo pode nos atingir, e é nesse ponto que o amor de muitos se esfria.

Nos últimos anos, tenho observado algo comum entre as pessoas que me procuram para conversar após palestras espíritas ou nas redes sociais: a sensação de esfriamento da religiosidade.

"Após tantos anos frequentando intensamente trabalhos e palestras da minha casa espírita, já não sei se acredito como antes" – é o que já ouvi inúmeras vezes. Na maioria dos casos, o relato vem acompanhado de alguma desilusão: com um médium, um palestrante, um dirigente ou um companheiro de atividade. Como disse o Espírito Emmanuel, a desilusão é a "visita da verdade". Talvez estivéssemos acalentando uma expectativa equivocada sobre aqueles com os quais nos desiludimos, colocando-os em pedestais invisíveis ou criando a ilusão de que já vivemos plenamente o que lemos nos livros. Como se não houvesse uma longa jornada entre um ponto e outro.

Refiro-me mais diretamente aos espíritas por serem aqueles com os quais interajo frequentemente, mas sei que essa amostra reflete um grupo muito maior de pessoas que seguem uma religião. Escândalos e decepções envolvendo figuras públicas de diversas denominações religiosas têm trazido à tona verdades incômodas sobre desvios humanos, corroendo grupos e indivíduos de dentro para fora.

Pergunto a essas pessoas sobre suas experiências diretas com a fé, com a espiritualidade e com Deus. Na esmagadora maioria dos casos, a resposta é o silêncio ou o relato de uma lembrança já distante na memória. A experiência pessoal no campo da fé, o cultivo da espiritualidade e o relacionamento cotidiano com Deus são itens escassos, mesmo entre os que se consideram religiosos ou espiritualistas.

Há muito Jesus nos alertou, diante das irmãs de Lázaro, sobre a importância de escolher a melhor parte, aquela que não seria tirada de nós. Enquanto Marta se ocupava das tarefas materiais, preocupada e incomodada com a postura da irmã, Maria se deleitava com a presença do Mestre, vivendo intensamente a experiência mais importante de sua vida. É certo que Jesus não se opunha ao serviço ativo no bem, mas fez questão de alertar sobre o excesso de atividades que nos distraem da essência. Entre os religiosos, como previsto por Ele, temos muitas mãos operosas como as de Marta, mas raros corações conectados ao Mestre como o de Maria.

Ainda buscamos ídolos para admirar, instituições para obedecer e inimigos para criticar, repetindo padrões de outras existências. Enquanto isso, oportunidades de conexão com o Alto, de encontrar Jesus por meio de um desconhecido e de explorar nossa própria imensidão passam despercebidas.

Este livro é destinado a todos que anseiam por uma faísca de fé, sejam religiosos ou não; aos que sentem dificuldade em perceber a presença divina diante da iniquidade do mundo; aos que temem perder a fé na humanidade; aos que depositaram esperanças em ídolos humanos e frágeis, incapazes de estabelecer uma conexão direta com Deus.

Ele parte de um coração impuro e necessitado, mas em cujo centro pulsa uma pequena e persistente fagulha de confiança no Supremo Senhor do Universo, a quem chamo simplesmente de Pai. Assim como me beneficio das experiências alheias, espero que as narrativas aqui apresentadas sejam úteis a quem sente necessidade de fé.

Minha intenção com esta obra é compartilhar meus passos iniciais na longa jornada em busca da fé. Trata-se de uma experiência pessoal, diferente da sua. Não desejo conduzir ninguém ao lugar ao qual cheguei, pois ainda sigo caminhando. Aqui não há milagres grandiosos ou testemunhos dignos dos mártires da primeira hora, mas relatos de situações comuns, possíveis a qualquer um que tenha olhos para ver a assinatura divina na vida cotidiana.

Busquei entrelaçar reflexões evangélicas e espíritas nos relatos com o objetivo de enriquecer a autorreflexão. Ressalto que as histórias têm a minha perspectiva e podem conter falhas naturais da emoção, da memória ou da interpretação. Cuidei para que possíveis equívocos não prejudicassem ninguém, focando os aspectos que mais enaltecem o aprendizado.

O livro está dividido em quatro partes:

1. Ponto de partida;
2. Sem perder o fôlego;
3. A vista do monte; e
4. Nova subida.

Cada uma dessas partes, composta por cinco capítulos, descreve uma fase distinta de aprendizado na jornada da fé. Comecei a percorrer essa trilha aos 7 anos de idade e sigo nela até hoje, aos 35.

Por fim, espero que esta obra o inspire a olhar para dentro de si, encontrar respostas em sua própria experiência e, acima de tudo, confiar na presença divina que nos guia mesmo nos momentos mais desafiadores. Que, ao virar cada página, você se permita ouvir a voz do Pai em seu coração, reforçando a certeza de que, mesmo diante das incertezas, nunca estamos sozinhos.

Este livro é destinado a todos que anseiam por uma faísca de fé, sejam religiosos ou não; aos que sentem dificuldade em perceber a presença divina diante da iniquidade do mundo;

aos que temem perder a fé na humanidade; aos que depositaram esperanças em ídolos humanos e frágeis, incapazes de estabelecer uma conexão direta com Deus.

parte 1

Ponto de partida

capítulo 1

Prometo parar de fumar

Porque todo o que é nascido de Deus vence o mundo; e esta é a vitória que vence o mundo: a nossa fé.

— João, 5:4

A NOSSA HISTÓRIA COMEÇA MUITO ANTES do nosso nascimento. Há muita história anterior à nossa chegada, e ela imprime um prefácio ao início de uma nova existência na Terra. Ainda não me refiro à influência de quem já fomos em reencarnações anteriores e que também repercute de forma solidária no presente. Desejo falar das histórias familiares desta existência mesmo. De anseios, segredos, tradições e histórias que já existiam antes de reencarnarmos na família de origem desta peregrinação pela experiência material.

Era um costume entre os hebreus, conforme afirma R. Paul Stevens,[2] que o nome dado aos filhos

---

2. R. Paul Stevens. *A espiritualidade na prática: encontrando Deus nas coisas simples e comuns da vida.* Trad. Jorge Camargo. Viçosa, MG: Ultimato, 2006.

fosse escolhido de acordo com as circunstâncias do nascimento. Foi assim que os irmãos gêmeos Esaú e Jacó, por exemplo, receberam seus nomes, porque o primeiro que nasceu ruivo e peludo, recebeu um nome associado a tais características, tal como o segundo que nasceu agarrado ao calcanhar do irmão. Mas, antes do nascimento deles, já existia uma longa história que demarcava o cenário que influenciaria a trajetória de ambos. Um dos aspectos notáveis dessa influência foi uma profecia recebida pela mãe de ambos, Rebeca, que procurou orientação ao perceber a disputa estabelecida em seu ventre. Como resposta, ela escutou a notícia profética de que o maior serviria ao menor. (*Gênesis*, 25:23)

No decorrer da história, temos Rebeca aliada ao filho mais novo, Jacó. Desejosa, tal qual o próprio filho, de controlar o cumprimento do que fora anunciado, ou seja, tornar o filho mais novo o primogênito da família. Por outro lado, o pai, Isaque, alia-se ao filho mais velho, Esaú, e, querendo também controlar as circunstâncias, combina em segredo uma ocasião para fornecer a benção àquele que era objeto de sua adoração paternal. Muitas mentiras, enganos e desafios têm lugar até que, finalmente, há espaço para o cumprimento dos desígnios de Deus conforme a Sua sabedoria e para muito além dos desejos mesquinhos do homem.

Neste livro, em que me disponho a narrar experiências cotidianas sobre a fé que permearam e influenciaram diretamente a minha caminhada até aqui, eu não poderia começar de outra forma que não fosse compartilhando um dos bastidores, anterior ao meu nascimento, que demarcou o tom da minha chegada.

Meus pais tinham fortes razões para não querer mais filhos. Meu pai já tinha três filhos do primeiro casamento quando ficou viúvo. E mais um filho da união com minha mãe. Três meninos e uma menina: Benedito, Antônio, Sheila e José, por ordem de nascimento. Além disso, outras crianças faziam parte desse cotidiano familiar, como filhos do coração. Portanto, seria até esperado que não cogitassem ter mais filhos.

Ocorre que, quando o mais novo começou a ficar mais independente, meu pai desejou ter mais uma menina; parecia uma tarefa fácil, posto que a chegada do último filho tinha ocorrido muito rapidamente. Mas não foi bem assim. As tentativas e idas a especialistas eram infrutíferas. Nenhum problema era identificado e a gravidez também não acontecia. Meu pai chegou a cogitar que minha mãe não desejava a gravidez e estivesse usando algum método de prevenção. Os anos foram passando e nada parecia mudar.

Nessa época, meu pai fumava muito. Em alguns dias chegava a fumar dois maços de cigarro. Em dias mais estressantes, levantava-se durante a madrugada para fumar. Minha mãe ficava muito incomodada e, vez ou outra, tentava influenciá-lo a parar de fumar, mas sem sucesso. Em uma dessas tentativas, surgiu uma promessa inesperada:

— Se você engravidar e for uma menina, prometo que paro de fumar!

Em poucos meses veio o positivo para a gravidez e, logo em seguida, a confirmação de que era um bebê do sexo feminino.

O ano era 1988. Diante da notícia, meu pai entregou à minha mãe o maço de cigarros que estava no bolso da sua camisa de botões, no mesmo estilo que o vi vestir a vida inteira, e nunca mais fumou.

Escutei essa história inúmeras vezes e ela sempre me emocionou por muitos motivos. Por me fazer perceber o quanto o meu nascimento foi desejado, pelo teor da promessa, pelo sacrifício envolvido, pela resposta de Deus com a permissão da minha chegada ou pelo simples fato de que seria pessoalmente difícil para mim conviver cotidianamente com o cigarro.

Por outro lado, sempre houve dentro de mim uma certa dúvida: por que será que eu demorei tanto para vir? Nove anos é a diferença que me separa do irmão que nasceu antes de mim. E mais de vinte anos me distanciam do meu irmão mais velho. Quais são os bastidores dessa história? Não tenho certezas a esse respeito ainda hoje, mas desconfio de algumas coisas – parafraseando Guimarães Rosa.

Quando li pela primeira vez o livro *Nosso Lar*, do Espírito André Luiz, pela mediunidade de Chico Xavier, um personagem específico fisgou a minha atenção: dona Laura. Essa nobre trabalhadora de Nosso Lar, com horas de serviços prestados a seu favor, estava prestes a retornar ao plano material para uma nova existência, mas pouco animada com o cometimento, apesar das homenagens prestadas em meio às despedidas. Observando o abatimento da fiel trabalhadora, o ministro Genésio busca insuflar-lhe algum ânimo, ao que escuta:

> Tenho solicitado o socorro espiritual de todos os companheiros, a fim de manter-me vigilante nas lições aqui recebidas. Bem sei que a Terra está cheia da grandeza divina. Basta recordar que o nosso Sol é o mesmo que alimenta os homens; no entanto, meu caro Ministro, tenho receio daquele olvido temporário em que nos precipitamos. Sinto-me qual enferma que se curou de numerosas feridas... em verdade, as úlceras não mais me apoquentam, mas conservo as cicatrizes. Bastaria um leve arranhão, para voltar a enfermidade.[3]

Ah, dona Laura! Essas palavras fizeram um total sentido por aqui quando as li, há duas décadas. Finalmente, pude nomear algo que sentia, sem saber bem como dizer: a angústia do Espírito que reencarna desperto o suficiente para desejar aproveitar a experiência material, mas sem a robustez moral que assegura o caminho reto em meio aos desafios da vida material. Eu parecia conhecer muito profundamente a insegurança de dona Laura e pude dar um novo sentido à história que antecedeu meu nascimento. É possível que parte dessa demora em ser concebida estivesse relacionada ao medo. Medo de falhar, de esquecer os compromissos assumidos, de dormir o sono profundo da inconsciência de quem somos realmente. Esse medo é meu conhecido de tal forma que, agora mesmo, enquanto digito essas linhas, a emoção me visita mais uma vez.

---

3. André Luiz [Espírito], Francisco Cândido Xavier. *Nosso Lar*. [cap. 47]

Ouvi, certa feita, que a felicidade está na ignorância, o que soou absurdo na época. Mas, reconheço agora que, sob certo ângulo, há uma verdade nessa afirmação. A criança que ignora os problemas e os perigos do mundo usufrui de uma felicidade da qual os adultos não mais desfrutam. Aquele que falhou muitas vezes e se reergueu sob os auspícios da misericórdia divina teme o véu do esquecimento. Teme a provisória ignorância de si mesmo. "E se tudo aquilo que estudei e aprendi na erraticidade não for o suficiente para sustentar o caminho no bem? E se, diante do peso da matéria que abafa os sentidos espirituais, os caminhos ficarem tortuosos?". Esses são pensamentos que, imagino, tenham feito parte das minhas preocupações "pré-reencarnatórias". Preocupações que, mesmo após o véu do esquecimento, impediram-me de ter uma infância despreocupada e usufruir dessa leveza de quem não conhece as dores do mundo. Mais à frente, contarei mais detalhes sobre a minha infância, mas já adianto que ela não foi leve. Havia o peso constante de algo que eu não sabia nomear, mas que agora entendo que era a responsabilidade diante do compromisso reencarnatório, o desejo profundo de, desta vez, acertar, unido ao medo de falhar.

A resposta do ministro às inquietações de dona Laura foram tal qual um bálsamo que acalmou nós duas:

> Não se preocupe, portanto, minha amiga – exclamou o Ministro Genésio, sorridente –, terá ao seu lado inúmeros irmãos e companheiros a colaborarem no seu bem-estar.

Talvez esse seja o grande alento daqueles que partem do plano espiritual em direção a uma nova existência na Terra: saber que não estarão sozinhos. Inúmeros irmãos e companheiros que muito bem nos conhecem estarão dispostos a fortificar a nossa intenção de soerguimento.

Essa certeza de que não estamos a sós no vendaval do mundo, e de que tudo quando acontece, por mais difícil e incompreensível que pareça, está submetido a uma Lei superior, amorosa e justa, é o que muitos chamam de fé.

Eu me considero uma pessoa nascida na fé e guiada diariamente pela fé. Uma fé humana, imperfeita e cotidiana. Possivelmente, menor que um grão de mostarda, mas suficiente para me fazer pisar muitas vezes sem enxergar o chão. Parece-me que reencarnar estando consciente de quem se é, já é, por si só, um salto de fé, assim como confiar que, em meio à escuridão de uma nova existência, haverá uma rede para amparar as possíveis quedas.

O testemunho dessa fé que conheço, vivo diariamente e ora compartilho não está em milagres grandiosos ou em sacrifícios à altura dos mártires das primeiras horas. Meus ombros são ainda frágeis demais para essa etapa da montanha. Trata-se, na verdade, de situações corriqueiras o suficiente para não serem percebidas e surpreendentes o suficiente para serem dignas de nota. Tenho todas anotadas nos escaninhos da minha alma, como notas suaves de confiança. Essas notas já me sustentaram de pé quando achei que sucumbiria, quando a professora dor me visitou e quando os testemunhos bateram à minha porta.

Desejo que tais experiências, costuradas nessas páginas, sejam uma faísca de fé capaz de alimentar as labaredas de confiança e fidelidade da sua alma. Da minha alma para a sua alma. Não me preocupo com as formas de expressão da sua fé. Os rótulos religiosos, os templos e as instituições são apenas a forma exterior, e são todos passageiros. O que me interessa nessa nossa conversa é a essência, a parte que ninguém vê, o templo interno que você acessa ou nem conhece; a confiança que permite a você expandir e crescer ou o medo excessivo que cerceia as suas possibilidades e limita o seu raio de ação na vida. Não há vida abundante sem fé; sem fé há escassez e retraimento.

A falta de confiança e de fidelidade a Deus fez com que a família de Esaú e Jacó tentasse controlar todas as circunstâncias. E assim Deus permitiu, como faz com cada um de nós, por meio do livre arbítrio. Deus permitiu que Jacó cometesse erros, mentisse, fugisse, fosse enganado e lutasse, até que percebesse que ele era ele e Deus era Deus. É quando estamos mais cansados que mais facilmente Deus acessa a nossa fé – cansados demais para que o orgulho fale por nós.

Desconheço a sua história com a fé e quão cansado da luta você está neste instante, mas gostaria de lhe pedir que fizesse tal investigação neste momento, aqui mesmo, neste primeiro capítulo da nossa caminhada. Antes que as minhas narrativas e reflexões influenciem o seu pensamento a respeito do tema. Comecei a contar alguns bastidores da minha fé, e há muita coisa por vir. Agora é a sua vez:

Qual é a sua história com a fé?

♥

Essa certeza de que não estamos a sós no vendaval do mundo, e de que tudo quando acontece, por mais difícil e incompreensível que pareça, está submetido a uma Lei superior, amorosa e justa, é o que muitos chamam de fé.

capítulo 2
Deus marcou para não perder

Andei vagando como ovelha perdida;
vem em busca do teu servo, pois não
me esqueci dos teus mandamentos.
— Salmos, 119:176 —

Nasci com três pontinhos da cor rosa na minha bochecha direita, semelhantes a picadas de mosquito. O médico disse que poderia ser alguma alergia e que eles sumiriam em poucos dias. Logo, os três pontinhos viraram um sinal em formato oval e de cor escura, semelhante a uma marca de nascença que uma tia paterna tem no pescoço.

— Já te contei o que uma senhora falou na praia, enquanto eu caminhava com você? – perguntou meu pai pela milésima vez, provavelmente. Como me agradava ver a alegria com que ele relatava a cena, preferi dar corda e dizer:

— Acho que sim, mas não lembro direito.

Todo empolgado, ele começou o breve relato sobre o dia em que, caminhando com uma bebê de poucos meses no colo, uma senhora disse a ele:

— Deus marcou para não perder!

Para um pai amoroso, qualquer elogio aos filhos corre o risco de soar tal qual a profecia escutada por Rebeca. É provável que ele cogitasse intimamente: "essa filha tão esperada é alguém especial para Deus".

É característico do estágio evolutivo em que nos encontramos, como habitantes de um planeta de provas e expiações, acreditar que Deus tem seus prediletos. Nossa compreensão de Deus vai até onde o nosso amadurecimento alcança. Como seres imaturos que somos é compreensível que pouco entendamos a respeito do amor de Deus em relação aos Seus filhos.

Houve um episódio interessante com minha mãe, em uma noite qualquer da minha infância, enquanto cochilava no colo dela, quase dormindo, mas ainda escutando os sons ao redor. Ela fazia carinho no meu cabelo e, parecendo meio emocionada, meu irmão lhe perguntou por que chorava. A resposta me surpreendeu completamente: ela disse que tinha medo de me perder, pois era visitada por uma sensação de que talvez eu não vivesse por muito tempo.

Um arrepio de medo percorreu todo o meu corpo naquele instante. A sonolência passou e os níveis de cortisol e de adrenalina do meu organismo devem ter assumido o controle. Quase não dormi naquela noite, pensando nas palavras da minha mãe. Agora que eu estava gostando da viagem, estaria meu passaporte carimbado para um regresso próximo?

Não conversei com ninguém sobre o que escutei, ou melhor, não conversei com ninguém reencarnado. Mas abri meu coração com Deus, como já costumava fazer.

Com o passar dos dias, a angústia foi desaparecendo e a preocupação foi ficando distante.

Era perceptível para mim – pela história tão repetida pelo meu pai, pelo seu olhar de admiração e respeito, pelo tempo de espera para a concepção ou pelo desabafo da minha mãe – que eles tinham uma ideia bem equivocada a meu respeito. O mesmo equívoco que, ao longo da vida, observaria ser cometido por outras pessoas ao meu redor. Não apenas sobre como me viam, mas sobre como enxergavam todos aqueles que admiravam.

Quando percebemos alguém que apresenta aspectos maduros em alguma área do desenvolvimento humano, como inteligência cognitiva ou emocional, é comum que coloquemos essa pessoa em um patamar de superioridade. Deixamos até mesmo de enxergar os aspectos imaturos desse ser humano e, quando se torna inevitável acessar alguma negatividade a respeito dele, jogamos toda admiração no lixo, dizendo com veemência:

— Fulano me decepcionou! Beltrano é uma farsa.

Sim. Existem pessoas que se dedicam a performar na vida e propositalmente escamoteiam os seus erros e defeitos, enganando, mentindo e vendendo ilusões. Não me refiro a esses, os falsos profetas. Mas a reflexão que desejo compartilhar aqui nos previne deles também.

Há, nesse momento aqui na Terra, muitas pessoas reencarnadas cuja última existência foi de quedas e equívocos mais ou menos graves. Tal qual a história de André Luiz, narrada em *Nosso Lar* por ele mesmo. André Luiz não fez nada tão grave na existência como médico e pai de família, mas retornou à vida maior como suicida indireto pelo não aproveitamento de sua vitalidade para o bem, como se comprometera a realizar. Um caso, portanto, de invigilância e subutilização dos talentos que foram confiados pelo senhor.

No plano espiritual, André Luiz estuda, trabalha e aprende lições muito importantes, compartilhadas na série de obras psicografadas pelo médium Chico Xavier. O André Luiz que se apresenta na última obra da série já nos mostra maior familiaridade com o funcionamento da lei divina. Ou seja, amadureceu em alguns aspectos.

Imaginemos agora que André Luiz retorne ao plano material para uma nova existência, com a finalidade de consolidar o aprendizado obtido nos testemunhos dessa esfera. É bem possível que algumas pessoas ao seu redor notem um certo destaque em determinada área, como inteligência. Mas, observemos que, no aspecto moral, André Luiz não tem na bagagem uma conquista expressiva e está em prova, portanto, vivencia desafios morais característicos dos habitantes da Terra.

Alguém que observe André Luiz e perceba apenas o aspecto intelectual ou a articulação entre conceitos avançados da Medicina poderia concluir que ele é uma alma escolhida para alavancar a transformação planetária, capaz de grandes testemunhos. E essa não seria necessariamente a realidade, posto que ele estaria cumprindo uma dupla função, como ocorre com a maioria de nós que aqui está: desenvolver-se moral e intelectualmente enquanto coopera com a comunidade planetária. Nesse processo, é natural e esperado que algumas quedas, tropeços e fragilidades venham à tona.

Pois bem, é nesse grupo que tenho a certeza de me encontrar na atual existência. No grupo daqueles que compartilham do pouco que aprenderam, enquanto seguem estudando para aprender um pouco mais. A esse respeito, escutei uma excelente definição ao final de uma reunião mediúnica, há alguns anos. O mentor espiritual da reunião disse:

— Meus amigos, não vejo aqui médicos ou enfermeiros. Vejo tão somente doentes em processo de recuperação, auxiliando outros irmãos doentes para que eles também se recuperem.

Essa fala fez todo sentido para mim. É exatamente como enferma em processo de recuperação que sempre me senti. Ocorre que alguns enfermos ficam tão empolgados com a terapêutica que lhes beneficiou que saem por aí desejosos de falar aos quatro cantos do mundo sobre o assunto. Esta sou eu. A fé tem sido, ao longo da atual existência, meu alicerce de segurança, a bússola que me direciona, a medicação que me fortalece para prosseguir. Testemunho os benefícios que experimento, não do lugar dos apóstolos já capazes de também realizar curas, mas do lugar dos que, após a cura, saíram alardeando pela cidade o que vivenciaram.

No capítulo 15 do *Evangelho de Lucas*, narra-se uma cena na qual publicanos e pecadores estão reunidos para escutar o Jesus. Entretanto, os fariseus e os mestres da lei o criticam exatamente por conviver com aqueles que eram considerados impuros: pecadores e coletores de impostos. Na perspectiva dos que julgavam Jesus, sendo um verdadeiro profeta ou, ainda mais, sendo o

Messias anunciado pelos profetas do *Antigo testamento*, ele deveria se reunir apenas com judeus de conduta irrepreensível. É esse o contexto do que Lucas nos conta:

> Então Jesus lhes contou esta parábola: Qual de vocês que, possuindo cem ovelhas, e perdendo uma, não deixa as noventa e nove no campo e vai atrás da ovelha perdida até encontrá-la? E quando a encontra, coloca-a alegremente nos ombros e vai para casa. Ao chegar, reúne seus amigos e vizinhos e diz: Alegrem-se comigo, pois encontrei minha ovelha perdida. Eu lhes digo que, da mesma forma, haverá mais alegria no céu por um pecador que se arrepende do que por noventa e nove justos que não precisam arrepender-se. (*Lucas*, 15:1-7)

Na sequência da narrativa do evangelista, lemos também outras duas parábolas que obedecem a mesma estrutura da primeira, quais sejam, "Moeda Perdida" e "Filho Perdido". Nos três casos, Jesus apresenta aos ditos entendidos da Lei divina um atributo de Deus que eles parecem desconhecer: a misericórdia.

O pastor não despreza nenhuma de suas ovelhas e dedica-se pessoalmente àquela que mais necessita de seus cuidados por ter se perdido. Ele não a coloca nos ombros porque gosta mais dela do que das outras. Mas, antes, porque é a mais necessitada.

Ovelhas são animais considerados medrosos, que quando não sentem o cheiro ou escutam o pastor, podem correr sem rumo e perder-se do grupo. É interessante perceber o tratamento especial fornecido à ovelha que se perdeu das demais: foi carregada de modo a sentir o cheiro do pastor e ouvir sua voz, bem pertinho, para não mais se afastar dele. As outras noventa e nove ovelhas também eram importantes e eram amadas. Provavelmente, desfrutavam de maior experiência e já não se perdiam com facilidade.

A notícia de Jesus é clara: ninguém fica para trás! A misericórdia de Deus alcança a todos, Seu amor é incondicional e há um cuidado especial para com aqueles que por medo, distração ou rebeldia se apartaram do Pai.

Muitas falas de Jesus estão de tal modo entrelaçadas à história do povo hebreu, registrada nos livros do *Antigo testamento*, que lá encontraremos referências diretas às ovelhas perdidas. Vejamos uma delas, presente em *Ezequiel*, capítulo 34:

> Veio a mim esta palavra do Senhor: Filho do homem, profetize contra os pastores de Israel; profetize e diga-lhes: Assim diz o Soberano, o Senhor: Ai dos pastores de Israel que só cuidam de si mesmos! Acaso os pastores não deveriam cuidar do rebanho? Vocês comem a coalhada, vestem-se de lã e a abatem os melhores animais, mas não tomam conta do rebanho. Vocês não fortaleceram a fraca, nem curaram a doente, nem enfaixaram a ferida. Vocês não trouxeram de volta as desviadas, nem procuraram as perdidas. Vocês têm dominado sobre elas com dureza e brutalidade. (*Ezequiel*, 34:1-4)

A atividade econômica de pastoreio de ovelhas era bem conhecida do povo de Israel, por isso a presença desse símbolo tanto no *Antigo* quanto no *Novo testamento*, em diferentes ocorrências. A passagem citada anteriormente, em especial, parece-me estar diretamente relacionada à parábola contada por Jesus. O Soberano enviou, por meio de Ezequiel, uma advertência clara aos líderes religiosos da época: cuidem das ovelhas. Segundo a citação, esses líderes eram negligentes, duros e brutais, quando, na verdade, a proposta deveria ser de cuidado e direcionamento.

É exatamente em resposta a líderes religiosos judeus que Jesus conta a "Parábola da Ovelha Perdida", como para lembrá-los da proposta inicial, aparentemente esquecida, e oferecer-lhes mais detalhes sobre a misericórdia de Deus para com todos aqueles que estivessem distantes do amor divino.

Pois bem, olhando pelo ângulo da ovelha perdida, parece fazer mais sentido a fala da senhora direcionada ao meu pai enquanto ele me carregava em uma caminhada pela praia.

— Deus marcou para não perder!

É uma expectativa diferente daquela acalentada pelo amor paterno, de que um ser especial estivesse em seu colo. Compreendo agora que as ovelhas perdidas recebem um tratamento especial do pastor exatamente porque necessitam estar próximas o suficiente para se manterem no caminho certo.

Foi assim que me senti e que me sinto ainda hoje: nos ombros do Pastor, desfrutando de sua bondade, de seu amor e de sua misericórdia; sustentada pela confiança naquele que me recolheu quando estive perdida nos vales da sombra e da morte, aprendendo a ser fiel no pouco para algum dia conseguir ser fiel no muito.

♥

O pastor não despreza nenhuma de suas ovelhas e dedica-se pessoalmente àquela que mais necessita de seus cuidados por ter se perdido. Ele não a coloca nos ombros porque gosta mais dela do que das outras. Mas, antes, porque é a mais necessitada.

capítulo 3

Conversas com Deus

> *Mas quando você orar, vá para seu quarto, feche a porta e ore a seu Pai, que está em secreto. Então seu Pai, que vê em secreto, o recompensará.*
> — Mateus, 6:6

AS MEMÓRIAS DA MINHA INFÂNCIA PERmanecem vivas dentro de mim com muita riqueza de detalhes. Em muitos desses "arquivos" eu me vejo conversando com Deus sobre coisas que não conversava com mais ninguém. Não sei ao certo quando comecei a orar, mas me vejo antes dos 7 anos ajoelhada na frente da minha cama, em longas conversas com Deus. Admirava os adultos que pareciam mais religiosos e me conectei afetivamente à minha avó materna, por observar a disciplina de suas orações e a frequência com que ia às missas católicas.

Muitos foram os finais de semana que passei na casa dessa minha avó Elisinha para brincar com minha prima que lá também residia. Aos domingos, acordava às seis horas da manhã com minha avó e descíamos em silêncio até a cozinha. Ela preparava um café e me oferecia. Eu não gostava de café nessa época, mas aceitava, por gostar de acompanhá-la. O restante da casa dormia, e seguíamos lado a lado para a missa das sete horas na igreja que está localizada, ainda hoje, ao lado direito da casa em que minha avó viveu por muitos anos.

Mesmo sendo católica, eu não entendia quase nada da missa. Lutava bravamente para acompanhar a liturgia e me perdia entre as músicas e as leituras. Três momentos eram especiais para mim: quando éramos convidados a ajoelhar para orar em silêncio; quando era feito o convite ao arrependimento, para sermos dignos do corpo e do sangue do Cristo, simbolizados na hóstia e no vinho; e quando todos cumprimentávamos e desejávamos uns aos outros a paz de Cristo, em confraternização. Eu gostava de estar ali; abria meu coração e até chorava nas minhas conversas com Deus. Eu me sentia protegida, pertencente e fortalecida. As amigas da minha avó achavam graça toda vez que me viam por lá e percebiam a minha alegria em pleno domingo de manhã.

Elas não sabiam do mundo interno que existia na intimidade do meu ser. Tenho a sensação de ter desfrutado por pouco tempo a ingenuidade infantil. Muito cedo, acordei para a realidade do mundo, e conseguia ler com certa facilidade os problemas dos adultos ao meu redor. Eu me preocupava com questões que não estavam ao meu alcance resolver. E gastava muita energia com inquietações e angústias que não eram da minha alçada. Ninguém percebia. Quem olhasse de fora, diria que eu era apenas uma criança madura para a minha idade. Mas eu era uma criança que sofria em silêncio o peso de estar muito acordada antes da hora.

Uma cena singular se repetia todas as manhãs, no caminho para a escola. Minha mãe fazia transporte escolar, e saíamos de casa à cinco e meia da manhã para que ela começasse o roteiro, pegando as crianças em suas casas e levando-as até as escolas. Inicialmente, ela dirigia uma kombi, mas depois passou a dirigir uma van. Quando alcançávamos uma região próxima à Vila dos Ex-Combatentes,[4] recordo-me de contemplar detidamente, ao meu lado esquerdo, dunas de areia branca misturadas a uma vegetação rasteira que teimava em crescer naquele terreno pouco propício. O sol lançava seus primeiros raios, ainda tímidos, exatamente naquele ponto do caminho. As ruas, ainda pouco movimentadas; minha mãe dirigindo em silêncio; a ajudante que abria e fechava a porta para as crianças também mantinha-se quieta; tudo ali me lembrava Deus. Era o momento exato das minhas orações matinais. Vislumbrando o cenário deslumbrante de uma nova aurora, meu coração conversava com Deus. Dizia das apreensões infantis, do desejo genuíno de ser alguém melhor a cada dia, relembrava os descuidos do dia anterior, pedia ajuda, conversava. E assim eu fazia todos os dias, como em um encontro marcado em um lugar já conhecido por ambos.

Nessa época da minha infância, entre 8 e 12 anos, havia muita informação embaralhada na minha cabeça. Eu tinha algumas certezas e muitas perguntas, mas

---

4. Bairro de Itapuã, localizado em Salvador, na Bahia, onde a autora nasceu e residiu até os 21 anos de idade.

desconhecia quem pudesse respondê-las. Buscava por um lugar ou por alguém, não saberia dizer. Sentia o desejo de entendimento, e uma melancolia me visitava com certa frequência. Falava também sobre esses assuntos nas conversas com Deus, sem deixar de abordar coisas mais corriqueiras e aparentemente banais. Eu me sentia completamente à vontade e sem quaisquer preocupações quanto à ordem das ideias ou à beleza das palavras. Não existiam quaisquer formalidades, o tom era mesmo de muita intimidade.

Certo dia, aprendi a oração do Pai Nosso. Foi minha irmã quem me ensinou. Achei muito bonita, mesmo sem compreender algumas partes. Gravei com facilidade, para mim era como poesia – e eu já gostava de poesia, de decorar e criar textos ritmados. Inclui aquela oração nas minhas conversas da noite. Sentia como se estivesse declamando um poema para Deus, achava que ele gostava de escutar, e, mesmo nas noites em que estava mais sonolenta, acelerava o ritmo, embolava as palavras e recitava o "poema".

Uma década mais tarde, quando tive a oportunidade de ler as obras de Léon Denis, autor pelo qual tenho profunda admiração e um carinho filial, eis que um trecho em particular me levou diretamente às dunas da minha infância:

> Não procures Deus nos templos de pedra e de mármores, ó homem que quer conhecê-lo, mas no templo eterno da Natureza, no espetáculo dos mundos que percorrem o Infinito, nos esplendores da vida que se desabrocha na sua superfície, na visão dos horizontes variados: planícies,

> vales, montanhas e mares, que tua morada terrestre te oferece. Por toda a parte, à luz do dia ou sob o manto constelado das noites, à beira dos oceanos tumultuosos, como na solidão das florestas, se souberes recolher-te, ouvirás as vozes da Natureza e os sutis ensinamentos que ela murmura ao ouvido daqueles que frequentam seus refúgios e estudam seus mistérios.[5]

Léon Denis gostava de fazer longas caminhadas em meio à natureza, contemplando a grandiosidade de Deus e mergulhando na vastidão do sentir. Em suas obras, especialmente em *O grande enigma*, desfrutamos de alguns trechos dessa conversa íntima entre o grande apóstolo do espiritismo e o Pai Maior. Ao olhar para fora e observar nos traços da majestosa obra a assinatura do Seu autor, Denis conseguia voltar-se para dentro e encontrar a centelha divina presente em si mesmo.

Em outro trecho da mesma obra, ele diz:

> Ó homens! Aprendam a descer em si mesmos, a pesquisar nos recantos mais íntimos do seu ser, interroguem-se no silêncio e no refúgio. E aprenderão a se conhecer, a conhecer em vocês a potência oculta. É ela que eleva e faz resplandecer no fundo de nossas consciências as santas imagens do bem, da verdade, da justiça, e é honrando

---

5. Léon Denis. *O grande enigma*. 3. ed. Rio de Janeiro: CELD, 2011. [p. 24]

essas imagens divinas, rendendo-lhes um culto de cada dia, que essa consciência ainda obscura se purifica e se esclarece. Pouco a pouco a luz aumenta em nós.[6]

Mesmo sem entender Deus, pude sentir Sua presença amorosa desde os dias da minha infância. Minha mente carregava indagações e eu tinha sede de maior entendimento, enquanto meu coração se contentava com o que sentia: amor incondicional.

Ainda hoje, enquanto digito essas linhas, aos 35 anos, tendo apaziguado uma parte dos anseios de compreensão da minha mente, devo admitir que a fórmula que utilizo para me sentir próxima ao Pai segue tão simples quanto naqueles primeiros anos, e muito identificada com as narrativas poéticas de Denis, sobre os seus próprios encontros, mas sem o alcance de uma alma já amadurecida como a dele.

Posso estar recolhida no meu quarto, sentada em postura de meditação, caminhando, em uma fila, acariciando os cabelos das minhas filhas amadas, cozinhando ou contemplando uma paisagem da natureza; em qualquer uma dessas situações, o principal fenômeno acontece na minha intimidade, sem que as pessoas ao redor percebam. Minha atenção é direcionada para aquele encontro, no qual não há *performance*. Estou ali inteira, presente com todas as minhas partes. Sei que Ele as conhece e ama todas elas. Confio nesse amor e me preencho dessa sensação de ser amada do jeito que sou

---

6. *Ibidem.*

aqui e agora. Minhas defesas são colocadas no chão, nenhuma delas me serve. Apenas me entrego ao encontro. Deixo transparecer tudo o que estou carregando: medos, angústias, julgamentos, aspirações, mágoas. Agradeço, peço ajuda, desabafo, sonho, silencio o suficiente para sentir que não estou sozinha. Desfruto da presença e me sinto fortalecida para seguir.

Nos dias em que a conexão com o Alto parece obnubilada por sentimentos contraditórios e as resistências internas dificultam o silêncio interior, utilizo recursos que elevam minha frequência com maior facilidade. No meu caso são algumas músicas, salmos e poemas que tenho memorizados e que me recordam da centelha divina que sou quando a matéria abafa meus sentidos espirituais.

Há um poema específico que me impactou de tal forma quando o escutei pela primeira vez que passei a escutá-lo todos os dias, até que se tornou um dos poemas que já recitei mais vezes ao final de palestras. Mas antes de revelar ao amigo leitor a qual poema me refiro, relatarei uma experiência interessante em torno do tema.

No ano 2015 eu residia em São Gonçalo, no Rio de Janeiro, e realizava com certa frequência palestras espíritas em instituições em todo o estado. Em algumas instituições já havia uma frequência mensal, já conheciam meu estilo de fala, e os elos de fraternidade estavam estabelecidos. Em outras, adentrava pela primeira vez e percebia os olhares curiosos daqueles que talvez se perguntassem: "O que essa jovem tem a dizer?".

Em um final de semana do referido ano, em um mês o qual já não me recordo ao certo, um amigo querido, Eloy Vilela, da Cruzada dos Militares Espíritas, intermediou um convite para que eu fizesse uma palestra em um centro espírita localizado no bairro Recreio dos Bandeirantes. Nunca havia estado naquela área e fui na companhia da minha amiga Chris e do meu esposo Ricardo. Durante o planejamento da palestra, anotei o poema de que tanto gostava para recitar ao final, algo que já costumava fazer em quase todas as palestras. Percebia que o poema encerrava o conteúdo de um lugar mais emocional e me sentia bem em assim proceder. Ocorre que, especificamente naquela tarde, por algum motivo, pensei: "Não vou recitar o poema hoje. Vou apenas dar o recado da palestra e está ótimo". Esse centro espírita tinha um público expressivo e, além do espaço em que a palestra aconteceria presencialmente, havia outros andares em que ela seria transmitida simultaneamente.

Terminei a palestra, não recitei o poema que estava anotado no meu caderno e segui rumo à saída com tranquilidade, sendo abordada aqui e ali por alguém que desejava me cumprimentar. Até que uma senhora timidamente se aproximou e perguntou:

— Licença, foi a senhora que fez a palestra?
— Sim – sorri. – Fui eu mesma.
— Ah, sim! – ela continuou.– Eu estava acompanhando lá de cima, enquanto costurava, e mais escutei do que assisti. Tenho um recado para lhe dar, mas não sei como a senhora vai recebê-lo, então já quero pedir desculpas por qualquer coisa.

— Fique tranquila! – respondi, enquanto colocava minha mão sobre um dos ombros dela, na tentativa de tranquilizá-la.

Não era a primeira vez que alguém me abordava ao final de uma palestra espírita com um recado ou comentário do tipo: "Você sabe quem te acompanha, né?". Apesar de ser uma pessoa curiosa, sempre recebi com certa incredulidade tais abordagens. E raras foram as oportunidades em que alimentei a conversa ou senti que as informações fizessem sentido para mim. Costumava apenas sorrir e seguir, de modo que algumas dessas conversas já nem estão registradas na minha memória. Se registro a conversa desse dia aqui é porque a experiência como um todo fez muito sentido e se conectou com outras situações que a confirmaram.

Enquanto repousava a minha mão no ombro daquela senhora aparentemente desconfortável em ser portadora da mensagem, uma emoção espontânea percorreu o meu corpo.

— Então... – prosseguiu minha interlocutora reticente –, eu não sei se você gosta de poemas... Ou se vai fazer sentido o que preciso dizer. Não me leve a mal, pois a sua palestra foi muito boa e quem sou eu para querer melhorar alguma coisa. Mas me pediram que, se possível, a senhora tentasse declamar ou ler um poema do seu agrado ao final das suas palestras. Pois há pessoas que são sensibilizadas nesse momento e os trabalhos do lado de lá ficam mais fáceis.

Meus olhos já estavam marejados porque eu sabia da minha relação tão antiga com os poemas. Ela não sabia, e por isso estava tão desconfortável, acreditando que era uma conversa sem pé e nem cabeça. Apenas abri a página do meu caderno em que estava o roteiro da palestra realizada havia pouco; na etapa final, era possível ler: "Conclusão: declamar poema 'Mensagem Fraterna'. Espírito Auta de Souza/Chico Xavier.".

Nesse momento foi ela quem ficou emocionada diante do que leu. Abraçou-me comovida, enquanto dizia aos meus ouvidos:

— Deus te abençoe minha filha! Foi exatamente esse Espírito que me pediu para dar o recado. Mas estava com vergonha de dizer esse nome, pois achei que você não acreditaria em mim.

Ouvi e aquiesci ao recado. Agradeci pelas confirmações daquilo que já sentia de uma forma tão inusitada. Sigo conversando com Deus, contemplando a grandiosidade da criação e declamando poemas que me ajudam na conexão com o alto. Dedico ao amigo leitor, nesse ponto da nossa caminhada, esse poema, tão caro ao meu coração e que resume da forma mais bela possível o que tentei exprimir neste capítulo.

Mensagem fraterna[7]

Meu irmão
Tuas preces mais singelas
São ouvidas no espaço ilimitado
Mas sei que às vezes choras consternado
Ao silêncio da força que interpelas.

Volve ao teu templo interno abandonado
A mais alta de todas as capelas
E as respostas mais lúcidas e belas
Hão de trazer-te alegre e deslumbrado

Ouve o teu coração em cada prece
Deus responde em ti mesmo e te esclarece
Com a força eterna da consolação

Compreenderás a dor que te domina
Sob a linguagem pura e peregrina
Da voz de Deus, em luz de redenção.

FRANCISCO CÂNDIDO XAVIER
ESPÍRITO AUTA DE SOUZA

---

7. Auta de Souza [Espírito], Francisco Cândido Xavier. *Auta de Souza.* 7. ed. Araras, SP: IDE, 1993. [cap. 3]

"Não procures Deus nos templos de pedra e de mármores, mas no templo eterno da Natureza, no espetáculo dos mundos que percorrem o Infinito, nos esplendores da vida que se desabrocha na sua superfície, na visão dos horizontes variados.

Por toda a parte, à luz do dia ou sob o manto constelado das noites, à beira dos oceanos tumultuosos, como na solidão das florestas, se souberes recolher-te, ouvirás as vozes da Natureza e os sutis ensinamentos que ela murmura ao ouvido daqueles que frequentam seus refúgios e estudam seus mistérios."

— Léon Denis

… # capítulo 4
Me leva na sua igreja

> *Jesus respondeu: Quem beber desta água terá sede outra vez, mas quem beber da água que eu lhe der nunca mais terá sede. Ao contrário, a água que eu lhe der se tornará nele uma fonte de água a jorrar para a vida eterna.*
>
> — João, 4:13-14

NA HISTÓRIA DA MINHA FAMÍLIA, COMO deve acontecer com muitas famílias brasileiras, há um caldo religioso com temperos diversos. Nas minhas veias correm o sangue de ciganos, de católicos, de maçons, de candomblecistas e de espíritas. A mediunidade está viva nos enredos familiares desde muito antes do meu nascimento, e a história dos meus ancestrais é sem dúvida uma história marcada pela fé.

Quando "passei a me entender por gente", como gosto de dizer, sabia pouco dessa miscigenação religiosa anterior a mim. Minha avó já havia abandonado as reuniões de mesa branca que herdara de bisa, e passou a se declarar estritamente católica. Havia uma busca coletiva e individual pela religião permeando a caminhada das minhas tias, como se quase ninguém houvesse encontrado ainda o que buscava. Algumas eram mais católicas, outras visitavam terreiros de candomblé, igrejas messiânicas, centros espíritas e de umbanda. Eu não tinha consciência à época de que não navegava sozinha nessa busca, achava que era uma questão apenas minha, uma sede particular.

Durante os meus anos de infância, minha mãe trabalhava com transporte escolar e fabricava e vendia biscoitos artesanais que, na minha terra natal, chamamos de sequilhos.[8] Nessa época, residíamos em uma casa ampla, com muitos cômodos, localizada na avenida Dorival Caymmi, na cidade de Salvador. Em função das múltiplas demandas de trabalho, havia sempre uma funcionária por perto, fosse na confecção dos sequilhos, fosse na organização da casa, fosse no transporte escolar. E quando eu tinha a oportunidade de estreitar a conversa com uma delas, minha pergunta se repetia:

— Qual é a sua religião? Me leva na sua igreja?

Apesar de frequentar a missa aos domingos na companhia da minha avó Elisinha, havia o desejo de encontrar uma outra religião, um templo ou uma igreja que atendesse melhor à minha sede de entendimento.

Recordo-me com riqueza de detalhes de uma dessas conversas na cozinha da referida casa. Duas funcionárias falavam sobre Deus e o juízo final. Mesmo sem entender direito alguns termos que, hoje, suponho que fossem de citações bíblicas, acabei entrando na conversa

---

8. Em Salvador, sabores variados de biscoitos artesanais são chamados de sequilhos. Desde biscoitos à base de farinha de trigo, manteiga e queijo parmesão até biscoitos doces feitos de maisena. Em outras localidades há uma variação na utilização do termo.

sem ser chamada. Uma delas falava sobre o fogo eterno e parecia desejar tal realidade para alguém específico. Conforme ela dizia, aquele seria o fim de muitos, dos que não aceitassem Jesus e não se arrependessem a tempo.

— Mas Deus não é bom? Muito bom e amoroso? – perguntei, inquieta com a conversa.

E, diante do silêncio, continuei na intromissão:

— Se Deus é bom, como alguém vai ficar queimando no fogo para sempre? E se a gente nasce várias vezes para aprender, como alguém vai aprender alguma coisa ficando no fogo para sempre?

Algo na minha fala gerou um desconforto grande e, ao mesmo tempo, foi a gota que faltava para que meu pedido fosse atendido. A senhora que escutou a minha fala era de uma denominação evangélica, e ficou muito preocupada com as ideias que vez ou outra saltavam da minha boca. Ouvi, então, uma longa explicação da qual não guardei quase nada – apenas a sensação de haver falado algo muito absurdo –, e, na semana seguinte, com a autorização materna, caminhamos, eu e a senhora, em direção à congregação que ela integrava para o culto da noite.

É possível que contasse 9 ou 10 anos de idade nessa época, pois aos 11 nos mudamos para uma casa localizada em outro bairro da mesma cidade. E lembro com precisão todo o percurso que caminhamos até a chegada no local desejado. Meu coração estava acelerado pela perspectiva de talvez encontrar o que tanto procurava.

Na verdade, não sabia ao certo o que estava buscando. Seria uma pessoa, um lugar, um livro, uma resposta? Não estava claro o que desejava encontrar, mas sabia que reconheceria no minuto em que encontrasse. Olhando para trás, percebo que estava buscando uma sensação, um sinal interno de haver chegado no ponto de partida para algo programado. A única bússola era o meu coração. Ele saberia confirmar a direção certa. Nunca foi sobre uma direção certa universal, mas sobre a minha direção certa, o melhor caminho para mim.

Chegamos à porta da congregação, um local simples e acolhedor. Todos pareciam se conhecer e aquilo me chamou a atenção de forma muito positiva. As pessoas estavam muito bem-vestidas e parecia que algo especial estava para começar. Logo, um homem de terno e gravata subiu ao púlpito e pegou o microfone para iniciar a pregação da noite. Esforcei-me bastante para acompanhar e apreciar cada momento, do mesmo jeito que fazia nas missas ao lado da minha avó. Mas logo senti que não era ali que encontraria o que estava buscando. Percebi na senhora que me acompanhou a sensação de pertencimento, como alguém que encontrou uma segunda casa. Ela estava no lugar certo, era visível. Eu, ainda não.

Na caminhada de volta, uma certa frustração me acompanhou. A criança saltitante e empolgada de horas antes dera lugar a uma outra, quase abatida. Ao ver minha expressão na chegada ao lar, todos interpretaram que fosse apenas sono, já que havia passado do meu horário costumeiro de dormir. Talvez fosse o sono também, mas havia outro tipo de cansaço que eu não teria sabido explicar na época. Um cansaço do Espírito que desejava encontrar algo que lhe fosse familiar para sentir mais segurança na caminhada pela vida.

Uma angústia, vez ou outra, aproximava-se, querendo fazer morada, misturada a tristeza e medo. As orações me ajudavam muito, mas não resolviam a questão totalmente.

Até os 11 anos, tive a oportunidade de visitar outras igrejas e templos religiosos que não sei dizer ao certo a quais denominações pertenciam, mas elas falavam sempre em Jesus e na sua grandiosa vida. Em todas as oportunidades, encontrei algo de muito bom para guardar na memória, desde acolhimento, louvores, orações devocionais, pregações, leituras e testemunhos. Respeitei todos os lugares que adentrei na tentativa de encontrar a minha direção religiosa e, mesmo quando não concordava ou não entendia, mantive a postura de respeito, por perceber desde cedo que há espaço para a diversidade no mundo.

Há uma passagem do *Evangelho* anotada por João (4:1-26) que sempre me chamou atenção, e que retorna à minha mente todas as vezes que relato para alguém a história da minha peregrinação por alguns templos evangélicos. Trata-se da conversa entre Jesus e uma mulher samaritana junto ao poço de Jacó.

Conforme as anotações do discípulo amado,[9] estava o Mestre à beira do poço de Jacó, cansado da viagem, quando, por volta do meio-dia, aproximou-se uma mulher samaritana em busca de água. Algumas informações sobre o contexto da narrativa parecem enriquecer os ensinamentos presentes na cena. Recorreremos aos estudos do historiador francês Henri Daniel-Rops[10] para obter alguns elementos importantes.

Judeus × samaritanos

Os samaritanos eram considerados pelos judeus "piores que os estrangeiros", apesar de adorarem o mesmo Deus e reverenciarem alguns dos mesmos livros sagrados. A história dessa inimizade já era antiga no tempo de Jesus, marcada por idas e vindas até o rompimento total. Para os discípulos de Jesus era motivo de incômodo e até medo seguir viagem passando por Samaria, já que, naquela época a inimizade entre os grupos era latente. Havia inclusive o seguinte provérbio entre os judeus: "Um pedaço de pão dado por um samaritano é mais impuro do que a carne de porco".[11]

---

9. Referência ao discípulo João. Ver: *João*, 21:20.
10. Henri Daniel-Rops. *A vida diária nos tempos de Jesus*. Trad. Neyd Siqueira. 3. ed. rev. São Paulo: Vida Nova, 2008. [p. 53]
11. *Ibidem*. [p. 54]

A água

A água sempre esteve presente nas diferentes culturas como um símbolo significativo de vida e abundância. Na região em que atualmente está situada Israel, a questão com a água era ainda mais séria. Não existiam grandes obras, e o acesso à água limpa acontecia por meio dos poços. "Em cada vila havia um encarregado das águas; na hora determinada ele abria as comportas, e imediatamente as mulheres se aproximavam apressadas, com os cântaros na cabeça".[12]

Templos

Dentre as divergências passadas de geração em geração entre judeus e samaritanos, umas das polêmicas centrais girava em torno do templo, santuário da glória de Deus. A história de construção e reconstrução do templo está presente nas narrativas do *Antigo testamento* e denota a importância desse lugar sagrado para seu povo. Ocorre que para os judeus havia um único templo, como havia um único Deus. O templo dos judeus estava localizado no cume do Monte Moriá, em Jerusalém, e, ao menos três vezes ao ano, todo homem judeu precisava peregrinar até lá. As sinagogas, localizadas nas cidades e aldeias, eram apenas uma espécie de congregação para estudos e reuniões, mas não era vista como

---

12. *Ibidem.* [p. 25-26]

morada de Deus. Ocorre que os samaritanos construíram um templo no Monte Gerizim, o qual era completamente desconsiderado como local sagrado pelos judeus.

Há, ainda, outros aspectos contextuais presentes na passagem que poderiam ser aqui aprofundados, como a situação da mulher que recebe carta de divórcio, mas ficaremos com estes.

Na cena, os discípulos não estão presentes, pois tinham ido até a cidade comprar comida; estão apenas Jesus e a mulher samaritana. De pronto, ela percebe que ele não é samaritano; as vestes e o cabelo à nazarena são um cartão de visitas. Apesar das divergências citadas entre os dois grupos, os samaritanos também aguardavam um Messias, anunciado pelos profetas do *Antigo testamento*.[13] Em um primeiro olhar, a mulher samaritana só consegue enxergar as aparências, assim como espera ser vista através desse mesmo prisma, e fica na defensiva. Ela é mulher, mulher samaritana e mulher samaritana considerada impura por ter uma vida sexual vista como irregular naquela época. Ela foi ao poço sozinha em um horário pouco propício a encontrar alguém, o que demarca a sua posição social e psíquica de isolamento. Quando Jesus lhe pede água, a resposta demonstra isso:

> Como o senhor, sendo judeu, pede a mim, mulher samaritana, água para beber?

---

13. *Isaías*, 7:14.

Na sequência, Jesus começa a ultrapassar as aparências, camada por camada, revelando ao mesmo tempo quem ele é, quem ela é e de qual água realmente fala.

Se você conhecesse o dom de Deus e quem lhe está pedindo água, você lhe teria pedido e ele lhe teria dado água viva.

Ainda confusa, sem compreender a profundidade do diálogo e a urgência do momento, a mulher samaritana redargui:

O senhor não tem com que tirar água, e o poço é fundo. Onde posso conseguir essa água viva? Acaso o senhor é maior que o nosso pai Jacó, que nos deu o poço, do qual ele mesmo bebeu, bem como seus filhos e seu gado?

A proposta da água viva parece atrair a mulher samaritana, decerto ela tem sede. Mas, ao mesmo tempo, a sua mentalidade não consegue concretizar a proposta. Está limitada ao pouco que conhece. Sua referência de água é aquela, a água empoçada, legado de um dos patriarcas de seu povo. O que de maior ou melhor poderia existir?

Quem beber dessa água terá sede outra vez, mas quem beber da água que eu lhe der nunca mais terá sede. Ao contrário, a água que eu lhe der se tornará nele uma fonte de água a jorrar para a vida eterna.

A partir desse ponto, a mulher samaritana sai da postura defensiva e solicita a água viva, acreditando ainda tratar-se de algo material, capaz de assegurar que ela não retorne ao poço. Jesus, então, revela quem ele é ao demonstrar que conhece os pormenores da história dela. Seus cinco maridos e a situação atual, na qual vive com alguém que não é seu marido. Alguns estudiosos apontam que Jesus fala não apenas da história da mulher samaritana, mas, principalmente, da história do povo samaritano. Como esse não é o foco do nosso raciocínio no presente capítulo, seguiremos adiante até o ponto que nos interessa aqui.

> Senhor, vejo que é profeta. Nossos antepassados adoraram neste monte, mas vocês, judeus, dizem que Jerusalém é o lugar onde se deve adorar.

O tema do templo aqui aparece como uma dúvida justa, advinda de uma mulher samaritana para alguém que ela reconhece como profeta judeu. Qual seria o local certo para a adoração?

> Creia em mim, mulher: está próxima a hora em que vocês não adorarão o Pai nem neste monte, nem em Jerusalém. Vocês, samaritanos, adoram o que não conhecem; nós adoramos o que conhecemos, pois, a salvação vem dos judeus. No entanto, está chegando a hora, e de fato já chegou, em que os verdadeiros adoradores adorarão o Pai em espírito e em verdade. São estes adoradores que o Pai procura. Deus é espírito, e é necessário que os seus adoradores o adorem em espírito e em verdade.

Da posição de marginalidade e isolamento, a mulher samaritana passa à de protagonismo e união. Reconhece em Jesus o Messias que está para vir e retorna à cidade anunciando tudo quanto havia testemunhado. Ela tinha sede, estava na escassez, considerava-se indigna e ainda assim foi a personagem escolhida para imortalizar no *Evangelho* a lição de que ninguém está fora, de que todas as ovelhas serão encontradas pelo Pastor. De que haverá um só rebanho e um só pastor, ainda que o rebanho seja diverso. E, para além dos templos físicos, chegará o dia em que aprenderemos a adorar em espírito e em verdade.

— ❖❯ ❮❖ —

Durante os anos que realizei as citadas visitas, outros acontecimentos interessantes também aconteceram, ainda no âmbito da minha fé. Aos 9 anos, perguntei à minha avó se não poderia fazer a primeira comunhão, pois acalentava o desejo de receber a eucaristia e talvez ter solucionada a minha inquietação. Prontamente, minha avó conseguiu me incluir em uma turminha preparatória para o intento desejado, até que nas primeiras aulas novos desafios se apresentaram.

Diante da oportunidade de estudar e obter maior entendimento sobre as anotações bíblicas, resolvi anotar as dúvidas que pairavam na minha cabeça e sanar algumas com a ajuda da professora que ministrava a evangelização. O que aos meus olhos parecia uma ótima ideia, na prática gerou certa contrariedade. Meu interrogatório incomodou de tal forma que logo fui convidada a dar uma pausa nas aulas e aguardar mais algum tempo até que fosse proveitoso retornar.

No ano seguinte, aos 10 anos, uma nova turma começou na escola em que estudava. Dessa vez, eu havia aprendido a lição: minhas perguntas não eram bem-vindas, então era melhor manter o silêncio se quisesse alcançar o objetivo final: a primeira comunhão. Assim foi feito e, no final daquele ano, lá estava a pequena Larissa, de pé no interior da Paróquia Nossa Senhora da Conceição de Itapuã, lendo uma passagem do *Novo testamento* durante a sua primeira eucaristia. Foi um momento especial, repleto de memórias afetivas. Guardo com carinho o momento em que minha avó Elisinha me presenteou com uma *Bíblia* infantil repleta de passagens ilustradas. A mesma que me acompanhou por muitos anos na leitura da noite, antes da oração.

Na minha fantasia infantil, algo de mágico aconteceria naquele dia. Eu esperava beber da água viva prometida pelo Mestre e apaziguar a minha sede de uma vez. Mesmo não tendo encontrado o que buscava, foi um dia especial. Ainda hoje, quando adentro igrejas católicas ou acompanho uma missa, pareço retornar a essas lembranças dos domingos ao lado da minha avó Elisinha, ou das aulas de evangelização ao lado de amigos do Colégio Cora Coralina no preparo para a primeira comunhão. Se ali não encontrei minha casa, certamente fui bem recebida como hóspede que fica por um tempo até seguir viagem.

Tal qual a mulher samaritana, passei muito tempo sedenta, caminhando de poço em poço na tentativa de garantir um pouco de água para meu pequeno cântaro. Não sabia ao certo o que queria encontrar, mas sabia que ao beber daquela água não mais teria sede.

A única bússola era o meu coração. Ele saberia confirmar a direção certa. Nunca foi sobre uma direção certa universal, mas sobre a minha direção certa, o melhor caminho para mim.

capítulo 5
Tira ela daqui

Uma mulher cananeia, natural dali, clamou, veio a ele, gritando: "Senhor, Filho de Davi, tem misericórdia de mim! Minha filha está endemoniada e está sofrendo muito".

— Mateus, 15:22

OS REGISTROS HISTÓRICOS NOS MOStram que o fenômeno mediúnico sempre esteve presente na história, com outros nomes e nem sempre acessível à luz do dia. Cada povo encontrou a sua forma de lidar com a comunicabilidade entre os mundos material e espiritual.

No livro *Depois da morte*, León Denis empreende uma viagem histórica através dos registros de religiões presentes na Índia, no Egito, na Grécia e na Gália. Denis comprova em todas elas a presença de duas faces, uma acessível ao público em geral, mais superficial e permeada de rituais, e outra reservada aos iniciados, oculta e profunda nos seus ensinamentos. Trata-se, portanto, de uma doutrina secreta, que guarda aspectos essenciais da lei divina e que se faz presente nos registros da humanidade há bastante tempo, mas não para todos.

Dentre os aspectos da lei de Deus presentes nessa doutrina secreta, gostaria de destacar a comunicação dos Espíritos. Vejamos um trecho do *Mahabharata*,[14] citado por Denis em sua obra:

> Muito tempo antes de se despojarem de seu envoltório mortal, as almas que só praticaram o bem adquirem a faculdade de conversar com as almas que as precederam na vida espiritual.[15]

Em um trecho a respeito da ciência dos sacerdotes do antigo Egito, encontramos as seguintes informações:

> Conheciam o magnetismo, o sonambulismo, curavam pelo sono provocado e praticavam largamente a sugestão. É o que eles chamavam – magia. O alvo mais elevado a que um iniciado podia aspirar era a conquista desses poderes, cujo emblema era a coroa dos magos.[16]

Sobre os iniciados da Grécia, as pesquisas de Denis denotam de forma ainda mais contundente a existência da mediunidade:

---

14. O *Mahabharata* é um antigo épico indiano. Com cem mil versos, é o poema épico mais longo já escrito, tendo sido composto, talvez, no século IV a.C. ou antes. Disponível em: https://www.worldhistory.org/Mahabharata.
15. Léon Denis. *Depois da morte*. 1. ed. especial. Brasília: FEB. 2009. [cap. 2, p. 37]
16. *Ibidem*. [cap. 3, p. 53]

A ciência do mundo invisível constituía um dos ramos mais importantes do ensino reservado. Por ela se havia sabido deduzir, do conjunto dos fenômenos, a lei das relações que unem o mundo terrestre ao mundo dos Espíritos; desenvolviam-se com método as faculdades transcendentais da alma humana, tornando possível a leitura do pensamento e a vista a distância. Os fatos de clarividência e de adivinhação, produzidos pela sibilas e pitonisas, oráculos dos templos gregos, são atestados pela História.[17]

Com relação à presença da comunicação entre os espíritos na doutrina secreta da Gália, vejamos o que registrou Denis em sua obra a respeito dos druidas:

Os druidas comunicavam-se com o mundo invisível; mil testemunhas o atestam. Nos recintos de pedra evocavam os mortos. As druidesas e os bardos proferiam oráculos. [...] A comemoração dos mortos é iniciativa gaulesa. No dia 1 de novembro celebrava-se a festa dos Espíritos, não nos cemitérios – os gauleses não honravam os cadáveres –, mas sim em cada habitação, onde os bardos e os videntes evocavam as almas dos defuntos.[18]

Ainda que a compreensão e o manejo do fenômeno não fossem os mesmos apresentados pela doutrina espírita séculos mais tarde, o que a pesquisa de Denis comprova é a presença e a vivência da faculdade remotamente.

---

17. *Ibidem*. [cap. 4, p. 61]
18. *Ibidem*. [cap. 5, p. 74]

A relação da doutrina espiritista, sistematizada por Allan Kardec a partir da publicação de *O livro dos Espíritos* em abril de 1857, com a mediunidade é, portanto, de pesquisa e orientação, não de invenção. Allan Kardec não buscou os médiuns com o objetivo de comprovar teorias adrede estabelecidas por ele em um gabinete. O fenômeno já existia e estava em pleno alarido na América e na Europa antes do trabalho empreendido pelo emérito codificador, conforme testifica a zelosa pesquisa de Zêus Wantuil:

> As visões do sábio sueco Swedenborg, as profecias de Cagliostro, ou dos fenômenos mediúnicos produzidos em 1840, na Alemanha, pelo médium inconsciente Gottliebin Dittus; a clariaudiência de Charles-Louis, do qual foram publicados, de 1839 a 1841, interessantes livros "revelados"; as retumbantes comunicações dos Espíritos obtidas desde 1840 por intermédio da sonâmbula Adèle Maginot, sob a orientação de Afonso Cahagnet, que editorou a partir de 1847 os *Arcanos da vida futura desvendados*; as notáveis comunicações mediúnicas da famosa vidente de Prevorst [...] dezenas de outros nomes e fatos vinham confirmando, cada vez mais claramente, a verdade milenária da comunicação dos seres que partiram com os que ficaram.[19]

---

19. Zeus Wantuil. *As mesas girantes e o espiritismo*. 5. ed. Rio de Janeiro: FEB, 2007. [p. 5]

A partir de Allan Kardec, especialmente da publicação de *O livro dos médiuns*, em 1861, a mediunidade ganhou um método seguro de estudo e experimentação inexistente até então. Só quem vivenciou ou conviveu com a mediunidade desorientada compreenderá a grandiosidade desse trabalho balizador.

A mediunidade faz parte da história da minha família materna tal qual uma herança passada de geração em geração. Minha bisavó tinha mediunidade ostensiva, minha avó também, assim como minha mãe e quase todos os seus irmãos. Na infância, eu não conhecia a palavra mediunidade nem tive explicações a respeito dessa faculdade. Não sabia das reuniões realizadas na casa de minha bisavó em que minha mãe, criança, testemunhara episódios de vidência e psicofonia. Mesmo sem saber tais informações, convivi com fenômenos mediúnicos desde cedo. De tal forma que, se aos 7 anos de idade a pergunta que intitula o primeiro capítulo de *O livro dos médiuns* me fosse feita, provavelmente eu responderia:

— Sim! Há Espíritos.

Inicialmente, acreditei que a problemática estivesse centrada na ampla casa em que residíamos no bairro de Itapuã. Havia relatos recorrentes entre as pessoas que trabalhavam lá sobre terem visto vultos ou escutado vozes.

— Essa casa é mal-assombrada – disse-me certa vez uma funcionária enquanto segurava a minha mão para subirmos as escadas à noite.

Durante os onze anos em que lá morei, tive muitos pesadelos envolvendo a casa, pela influência dos relatos, pelas experiências que vivi ou por bastidores espirituais desconhecidos. O fato é que nunca gostei daquela casa, e as coisas ficaram mais calmas quando nos mudamos. Importa destacar que, mesmo que houvesse algum histórico espiritual relativo ao passado da casa, como havia na casa da família Fox, em Hydesville[20] (um Espírito ali assassinado e enterrado por antigos moradores), o que tornava o fenômeno possível era a presença de um médium. Portanto, a mudança de endereço resolveu parcialmente a situação.

Para além das histórias recorrentes sobre vultos, batidas e vozes, outros episódios me marcaram de uma forma mais contundente. Na mesma época em que realizei algumas visitas a igrejas evangélicas de denominações variadas, minha mãe já era portadora da faculdade mediúnica, mas sem nenhuma instrução a respeito. Ela estava começando a se aproximar daquele que seria, mais tarde, o caminho iniciático dela, o candomblé. Mas, naquela época, era tão somente médium sem orientação.

---

20. Os fenômenos de Hydesville fazem parte dos acontecimentos históricos do Espiritualismo Moderno e do Espiritismo, o qual foi protagonizado pelas irmãs Fox. O episódio mais marcante ocorreu na noite de 31 de março de 1848, quando a casa de campo das irmãs em Hydesville foi atingida por pancadas, batidas e estrondos que foram testemunhados por toda a vizinhança.

Como acontece com muitos médiuns que o são sem saberem, minha mãe evitava a própria sensibilidade mediúnica na maior parte do tempo, mas em algumas situações ficava mais vulnerável à ação dos Espíritos. E, nesses casos, não era à dos bons Espíritos. A equação da vulnerabilidade era simples: ingestão de bebida alcóolica mais contrariedades aumentavam exponencialmente a probabilidade de um evento mediúnico orquestrado por Espíritos inferiores. Hoje, após tantos anos de estudo espírita, eu me pergunto quais seriam ali as porcentagens anímica e medianímica, posto que todo fenômeno mediúnico é, em certa medida, influenciado também pela alma do próprio médium. Todavia, lá atrás, destituída de quaisquer explicações, eu entendia apenas que era uma outra individualidade que se fazia presente.

Foram muitas as ocorrências e, em quase todas elas, as comunicações eram grosseiras.[21] Sob o ponto de vista de uma criança, eram assustadoras. Meu pai não sabia conduzir a situação e continuava lidando com aquela personalidade como se ainda fosse a minha mãe, fato que nitidamente irritava ainda mais o comunicante.

Em dada oportunidade, recordo-me de toda a família da minha mãe ter sido chamada às pressas para ajudar a resolver o imbróglio. Meus irmãos mais velhos, que já não moravam lá, também estavam presentes. Antes de a agitação começar, eu estava assistindo ao filme

---

21. Allan Kardec. *O livro dos médiuns*. [segunda parte, cap. X, item 134: "Comunicações grosseiras"]

De volta à lagoa azul na Sessão da Tarde.[22] Meus pais chegaram de carro e a confusão entre os dois planos começou. Uma cunhada foi a responsável por ficar comigo, enquanto os outros tentavam acalmar o visitante espiritual que se apresentava tomado de fúria. Minha cunhada estava mais apavorada e curiosa que eu. Acabou me deixando sozinha no quarto, enquanto procurava meu irmão.

Desci de fininho para entender melhor o que estava acontecendo. Havia gritos e sons de movimentação, uma reza de fundo. Eu também rezava. Não era a primeira vez que algo como aquilo acontecia, e eu quase era capaz de escutar alguém dizendo de mansinho na minha mente: "Vai passar! Você sabe que vai passar! Não é a sua mãe". Essas ideias me acalmavam em meio ao frisson que me acompanhava pé ante pé. Não me sentia amparada pelos adultos ali presentes, todos pareciam muito perdidos e inexperientes, mas algo maior me dava a sensação de não estar sozinha. Um desejo íntimo, quase inconsequente, de que talvez eu pudesse ajudar me fez seguir até a cena.

Fez-se um pouco de silêncio, e a reza ao fundo continuou. As luzes do quarto dos meus pais estavam acesas e segui até lá. Minha mãe estava deitada na cama com os cabelos molhados, vestida com uma roupa branca e tinha folhas na testa. Tentaram me impedir de chegar

---

22. Sessão de filmes exibida pela TV Globo.

mais perto, mas já era tarde. Sentei-me na beira da cama e senti que ainda não estava tudo bem. Meu corpo parecia saber mais do que minha mente entendia.

— Tire ela daqui! Ela não! – foram os gritos que escutei vindos dos lábios da minha mãe, mas com uma voz que não era a dela. Eu senti que não era ela. Quem seria?

A correria recomeçou, e me afastaram. Continuei rezando, implorando a Deus para que acabasse logo com tudo aquilo. Estava cansada. Imaginava se alguma das minhas colegas de escola também já haviam presenciado algo semelhante. Com quem conversar sobre tais situações? Por muito tempo, apenas com Deus.

Em seguida, haveria ainda uma corrente de orações com todos os familiares presentes em volta da mesa da sala, uma mesa de madeira maciça antiga e extensa. Alguém continuou rezando minha mãe. Sentei-me no colo da minha irmã e ela me pediu que não ficasse olhando. Mas eu queria entender e desobedeci. Um tio chegou e senti que ele sabia o que fazer. Finalmente, parecia que ia acabar.

Não sei exatamente o que tio Jorge fez naquela noite. Ou se foi apenas a corrente de orações que demoveu o Espírito da persistência de ali ficar. Soube apenas, anos mais tarde, que esse tio era espírita.

A relação da doutrina espiritista, sistematizada por Allan Kardec a partir da publicação de "O Livro dos Espíritos" em abril de 1857, com a mediunidade é de pesquisa e orientação, não de invenção.

A partir de Allan Kardec, especialmente da publicação de "O Livro dos Médiuns", em 1861, a mediunidade ganhou um método seguro de estudo e experimentação inexistente até então.

parte 2

Sem perder o fôlego

capítulo 6
Essa não é a sua linha

> *Em seu coração o homem planeja o seu caminho, mas o Senhor determina os seus passos.*
> — Provérbios, 16:9

ALGUNS EPISÓDIOS DA NOSSA HISTÓRIA acontecem de forma inesperada e ficam marcados de forma indelével em um lugar sagrado da memória. Em uma tarde despretensiosa da minha infância, eu acompanhava minha mãe na resolução de coisas burocráticas quando ela recebeu uma ligação e me disse que passaríamos por um outro local antes de retornarmos à nossa casa.

Não era a primeira vez que nos dirigíamos àquela localidade; eu já conhecia as pessoas que ali moravam, assim como os frequentadores da casa. Na época, não sabia dizer qual era a religião ali professada, não havia uma placa ou uma explicação que me esclarecesse tal questão.

Apesar de simpatizar com as pessoas e ser tratada com muito carinho em todas as ocasiões, eu ficava ansiosa para ir embora, porque as visitas da minha mãe eram sempre muito demoradas do meu ponto de vista. Não havia nada para uma criança fazer e ela sempre repetia:

— Já vamos, daqui a pouco!

Aquele "daqui a pouco" costumava durar horas e horas.

Só mais tarde entendi que ali era a casa em que residia um babalorixá[23] muito amigo da minha mãe, que hoje é muito amigo da minha família também. Como ainda não havia construído o próprio terreiro de candomblé para a realização das reuniões e atividades, era ali mesmo, na casa dele, que tudo acontecia.

Anos depois, com o terreiro já fundado, minha mãe viria a ter a sua feitura de santo[24] e integraria de forma mais efetiva aquele grupo. Mas até então, ela era uma visitante que, vez ou outra, buscava uma orientação ou participava de alguma festividade.

Naquele contexto, presenciei repetidas vezes a mediunidade da minha mãe, como também de tantas outras pessoas. E, diferentemente do que acontecia na minha casa, os Espíritos pareciam respeitar o ambiente e seguir algum tipo de ordem. Eram danças, cânticos

---

23. "Babalorixá" é um termo que designa o sacerdote principal das religiões afro-brasileiras, como o candomblé e a umbanda. Também é conhecido como "pai de santo", "pai de terreiro" ou "babá".
24. A iniciação no candomblé é um ritual público que representa um renascimento, e é acompanhada de uma série de mudanças na vida do iniciado. Entre elas, o recebimento de um novo nome que o acompanhará por toda a sua vida na religião.

indígenas e conversas com um palavreado que me parecia de outro tempo. Eu não sentia medo, mas também não sentia identificação. Tinha a sensação de que as pessoas ali presentes sabiam conduzir o acontecimento, e me impressionava com a mudança visível nos trejeitos e expressões corporais que assistia sem compreender ao certo os bastidores da cena.

Eu me perguntava de onde viriam tais caboclos, ciganas e orixás? Em que lugar do céu, da terra ou do espaço estariam antes de comparecer àquele momento? Como pessoas que não fumavam costumeiramente poderiam segurar um charuto com tanta naturalidade? Essas e outras tantas perguntas passeavam pelo meu cérebro enquanto esperava minha mãe se decidir a ir embora.

Naquele dia específico, aconteciam consultas com um Espírito autointitulado "Marujo" que tutelava o trabalho de orientação espiritual do médium. Intrigava-me o fato de o médium ser alguém cuja personalidade era mais introvertida e silenciosa, enquanto o Espírito em questão tinha um estilo mais expansivo e carismático. Só de olhar a expressão facial eu sabia dizer quando estava na presença de um ou de outro.

As consultas eram feitas em um quarto específico e, enquanto minha mãe fazia a consulta dela, eu aguardava na sala, mas daquela vez foi diferente. Em dado momento, foi solicitado que eu entrasse com minha mãe. Fiquei receosa, não sabia ao certo que tipo de coisa poderia escutar e se queria escutar.

Duas coisas muito importantes me foram ditas naquela oportunidade, sem que eu cogitasse de pronto a veracidade do que escutava.

— Minha filha passa muito mal do estômago, né? – perguntou Marujo.

Assenti com a cabeça. Era verdade, com certa frequência eu era levada à emergência do hospital com dores de estômago cujas causas nunca eram descobertas.

— Essas dores – continuou a entidade espiritual – não têm causa no seu corpo. São as coisas que minha filha fica guardando aí dentro, sem dividir com ninguém. Minha filha vê as coisas erradas e não fala, sofre em silêncio e ninguém nem percebe. É verdade ou não é, minha filha?

Assenti com a cabeça, com a sensação de ter sido descoberta em flagrante. Como ele poderia saber? Era o que eu me questionava intimamente.

— Minha filha precisa começar a falar mais! Não tenha medo de falar. Nem do seu pai, nem da sua mãe e nem de ninguém. Minha filha nasceu para falar, tem muita coisa para dizer e precisa abrir a boca.

Ao meu lado, minha mãe só escutava, assim como eu. Provavelmente surpreendida com o rumo da conversa.

— Minha filha quer me perguntar alguma coisa? – perguntou ele, na sequência.

— Não, obrigada – respondi em voz alta, enquanto pensava na quantidade de coisas que gostaria de perguntar mas achava que não devia. Talvez em outro momento.

Já estava me levantando da cadeira quando ele acrescentou:

— Tem mais uma coisa... Eu sei que você não gosta muito de vir aqui. Fique tranquila, que este não é o seu caminho e ninguém vai te obrigar a nada. Esse é o caminho da sua mãe e do seu irmão.[25] Essa não é a sua linha e nem a de quem te acompanha. Você vai encontrar logo mais, tenha paciência.

Guardei aquelas palavras com muito carinho. Elas soaram aos meus ouvidos como um bálsamo oferecido ao viajor cansado. Havia realmente algo a ser encontrado, não era apenas uma miragem, tal qual um oásis no deserto que ilude o peregrino; era real. Mesmo sem saber quanto tempo era esse "logo mais", aquelas palavras me deram novo ânimo para prosseguir na caminhada.

Acompanhar minha mãe naquelas visitas também ficou mais leve após a referida conversa. Como se uma resistência interna houvesse sido dissolvida; resistência que, aos meus olhos, era apenas ansiedade para ir embora. Hoje, vejo que era fruto também do medo.

A ignorância a respeito de uma realidade pode suscitar diferentes sentimentos, como curiosidade e medo. Eu sentia as duas coisas. Somado a isso, eu carregava um pacote de preconceitos que havia sido depositado em meu colo pelo meu pai.

Não havia uma fala direta sobre o assunto, mas era visível que ele não concordava com as práticas religiosas que tinham lugar ali. Eu lia um ar de superioridade por parte dele, mas não entendia exatamente a origem da resistência. Qual era o problema exatamente? Não estava claro.

---

25. Referência feita a um dos meus irmãos que, anos mais tarde, também passaria pelos rituais de iniciação e integraria o terreiro.

Anos à frente, já espírita, deparei-me com olhares e falas muito semelhantes aos do meu pai quando a temática era candomblé ou umbanda. Uma falsa superioridade parecia se apresentar com certa sofisticação. Parecia-me estranho que as pessoas conciliassem na mesma frase "nossos irmãos", "respeito" e "cultos ainda primitivos". Sempre soou para mim como ausência de respeito, talvez fruto da ignorância e do medo.

Fui deixando de lado aquele pacote e me permitindo ter as minhas próprias experiências e tirar minhas próprias conclusões. Não me via integrando aquele grupo, como não me via fazendo parte das demais congregações que tinha visitado, mas era bem recebida ali também e escolhi, mais uma vez, respeitar o que o meu entendimento não alcançava.

Conforme fui adentrando na pré-adolescência e a frequência da minha mãe àquela comunidade religiosa foi se intensificando, os episódios mediúnicos que aconteceram na minha infância de uma forma perturbadora foram diminuindo até cessarem completamente. E eu sabia que havia uma relação direta entre uma coisa e outra. A mediunidade, antes completamente desgovernada, estava agora sendo conduzida pelas diretrizes daquela tradição religiosa afro-brasileira pela qual tenho muita gratidão e respeito.

No livro *Recordações da mediunidade*, a notável médium espírita Yvonne Amaral Pereira, cuja seriedade segue inquestionável, revela-nos, no capítulo intitulado "Amigo ignorado", a presença protetora de uma figura espiritual que se apresenta perispiritualmente como um jovem indígena brasileiro com semblante tristonho. Em dada ocasião, durante um desdobramento espontâneo e sem a tutela dos benfeitores espirituais, Yvonne encontrou-se em plena volitação[26] pelo espaço, bailando despreocupadamente, quando acabou descendo até uma região desértica e solitária da qual não sabia sair. Então, o conhecido vulto indígena surgiu à sua frente, preocupado, para logo retirá-la de tal localidade em segurança.

Durante o diálogo que teve com ele, Yvonne foi informada da ligação espiritual entre os dois; tanto no que concernia aos séculos passados, em outras civilizações, quanto ao laço consanguíneo naquela presente existência, pois ele pertencera à tribo dos Goitacazes e fora irmão mais velho de sua bisavó.

Ao ser questionado sobre sua aparência, eis a resposta do Espírito familiar de Yvonne:

> — Sim – respondeu –, a atual aparência é-me mais grata, porque não posso desaparecer de mim mesmo, sou eterno e há necessidade de que eu seja alguma coisa individualizada... Foi como indígena brasileiro que iniciei a série de reparações das faltas cometidas no setor civilizado, mas, ainda que eu desejasse modificar a minha aparência, não o poderia, por uma questão de pudor e

---

26. Capacidade que um Espírito tem de, sob certas condições e certo adiantamento moral, transpor-se, elevando-se do solo em uma espécie de voo; daí os termos "volitação" ou "volição". Disponível em: https://www.guia.heu.nom.br/volicao.htm

honradez. Como aparecer a mim mesmo ou a outrem com a personalidade de um déspota, um tirano, um celerado, um traidor? Terei de desempenhar longa série de tarefas nobres, nos setores obscuros que me couberem, em desagravo aos males outrora causados no setor civilizado... A punição continua, ainda não estou liberto do pecado... Daí o meu antigo pedido à tua bondade, para que rogasses a Deus por mim...[27]

O citado Espírito, como visto, não estava em um patamar superior da escala de evolução espiritual. Tinha questões graves a serem reparadas e, ainda assim, trabalhava a serviço do bem. Assim também, todos nós temos amigos espirituais de diferentes gradações, os quais conspiram para o nosso êxito durante nossa caminhada aqui na Terra.

Além disso, importa destacar que seguir esta ou aquela doutrina religiosa não define a evolução espiritual de alguém. Os Espíritos mais amadurecidos nas asas do amor e da sabedoria pouco dependem dos rótulos desta ou daquela religião para agirem conforme a lei de Deus. Podem transitar com tranquilidade entre esta e aquela religião, conseguindo extrair de todas elas a essência imperecível do bem.

---

27. Yvonne A. Pereira. *Recordações da mediunidade*. 12. ed. Brasília: FEB, 2022. [p. 122-123]

A maior parte de nós, Espíritos de terceira ordem, ainda necessita de um farol religioso para iluminar as próprias pegadas pela experiência terrestre. E a identificação com esta ou aquela matriz religiosa pouco fala do nosso patamar evolutivo. Temos exemplos de grandes cristãos assim como de cristãos bem distantes da mensagem do Cristo. E o mesmo ocorre com as demais denominações religiosas.

É, dessa vez, o Espírito Charles, no livro *O cavaleiro de Numiers*, pela mediunidade de Yvonne Pereira, quem enriquece a nossa reflexão:

> O padre Thom contava, então, 25 anos, e há cinco se ordenara sacerdote. Em sua anterior existência terrena, havia sido pastor da Igreja Reformista Luterana. Os Espíritos prudentes, porém, ao reencarnarem, costumam mudar de ambiente religioso, a fim de que a constante permanência num mesmo setor não os torne *fanáticos, intransigentes e preconceituosos*. Mas Thomas era, acima de tudo, cristão, e, como discípulo do Cristo, pautar-se-ia dignamente em qualquer que fosse a circunstância religiosa a que se ativesse.[28] [grifo nosso]

---

28. Charles [Espírito], Yvonne A. Pereira. *O cavaleiro de Numiers*. 11. ed. Brasília: FEB, 2018. [p. 47-48]

Se não encontrei o que buscava no Candomblé, recebi dele exatamente aquilo de que precisava. Muitos foram os momentos, ao longo dos anos, mesmo após meu encontro com o espiritismo, em que me senti protegida e amparada por entidades que reconheço provenientes dessa doutrina ancestral e à qual devemos todo o respeito. Muitos ainda carregam um pacote de preconceito semelhante àquele que meu pai tentou deixar em minhas mãos, fruto do medo e da ignorância. De minha parte, deixo aqui registrada a reverência aos irmãos de fé de todas as religiões de matriz africana praticadas no Brasil.

Sonho com o dia em que haja espaço e respeito para todos, e agradeço por tudo o que recebi, mesmo sem compreender.

Axé!

Seguir esta ou aquela doutrina religiosa não define a evolução espiritual de alguém. Os Espíritos mais amadurecidos nas asas do amor e da sabedoria pouco dependem dos rótulos desta ou daquela religião para agirem conforme a lei de Deus. Podem transitar com tranquilidade entre esta e aquela religião, conseguindo extrair de todas elas a essência imperecível do bem.

capítulo 7

São todos seus

Acolhe os necessitados e estende
as mãos aos pobres.
Provérbios, 31:20

UMA CENA SE REPETIA AOS MEUS OLHOS todos os dias durante o roteiro do transporte escolar feito pela minha mãe. Tratava-se de crianças e adolescentes em situação de rua, sempre presentes nos cenários de alguns dos bairros pelos quais passávamos. Em especial, nas proximidades do semáforo de trânsito que ligava dois pontos conhecidos da cidade, a Orla de Itapuã e a Avenida Dorival Caymmi. No vértice do encontro entre essas duas vias, era possível vislumbrar o mar de Itapuã, os pescadores com seus barcos maltratados pela maresia, a escultura da sereia e dezenas de crianças cheirando cola ou pedindo insistentemente para limpar o para-brisas dos carros em troca de algumas moedas.

    A repetição diária desse cenário, em contraposição às crianças bem-vestidas e bem alimentadas no interior da van, causava-me tristeza e angústia. Todos os transeuntes e motoristas pareciam acostumados, como se fosse algo normal a convivência com aquele contraste grotesco. Eu sentia uma dor profunda todas as vezes. Tentava não ver, mas era impossível após já ter visto uma vez.

 Achava bonita a forma com que a minha mãe lidava com aquilo. Ela mantinha o vidro aberto e falava com eles. Algumas vezes, entregava moedas em troca de uma limpeza do para-brisas que mais o sujava. Em alguns momentos do ano, em que oferecia doces às crianças do transporte escolar, também reservava algumas sacolas para as crianças do semáforo. Acima de tudo, o que me fazia admirar o que fazia era o fato de ela não fingir que não estava vendo. Não havia uma grande ação a respeito, mas enxergar pode ser algo revolucionário em uma cultura de invisibilização dos que estão à margem. Carrego comigo esse exemplo da minha mãe.

 Também me recordo com clareza da naturalidade com a qual a minha irmã Sheila, já adulta na minha infância, conversava com pessoas em situação de rua, perguntando sobre as suas necessidades e ofertando o que podia. Na época do Natal havia sempre uma lista de presentes aos necessitados que ela encontrava no seu caminho de ida ao trabalho. Por vezes, percorremos lojas e lojas até encontrar algo muito específico para um daqueles nomes da lista. Uma senhora, por exemplo, precisava de um sutiã maior do que aqueles vendidos nas lojas, e nenhuma das doações que lhe chegavam atendiam à sua necessidade. Pois bem, em um dos Natais, lá estava minha irmã em busca daquele presente especial. Ela nem percebia o meu olhar de admiração, achava aquilo muito normal, e talvez hoje nem se lembre ao certo desses dias aqui descritos. Eu nunca esqueci.

Conforme crescia, o sentimento de tristeza ia dando lugar a uma sensação de impotência. O que eu poderia fazer com aquele incômodo? Que possibilidades de auxílio estariam nas minhas mãos ainda tão limitadas e dependentes dos adultos?

Em uma manhã de sábado, quase no horário do almoço, terminei uma atividade fora de casa da qual já não me recordo. Contava 12 anos. Minha mãe tinha ido me buscar com um dos meus irmãos, nove anos mais velho que eu. Entrei no carro falando que estava morrendo de fome, quando a voz materna anunciou que a próxima parada era o supermercado, onde faríamos as compras do mês. Entendi que demoraria até que eu pudesse comer alguma coisa. A barriga roncava e a boca salivava enquanto eu empurrava o carrinho entre os corredores do supermercado, desejando comer tudo o que via pela frente. Há na minha terra um quitute chamado "pãozinho delícia", um pão caseiro macio com queijo parmesão por cima. Como o nome sugere, é uma delícia e, logo que vi uma bandeja com alguns deles, pedi para levar, na pretensão de comer assim que as compras fossem pagas.

Compras pagas e embaladas! Comecei a retirar o plástico que cobria os pãezinhos, desejosa de devorá-los. Eis que um garoto aparentando ter não mais que 8 anos aproximou-se de mim e pediu um. Disse que estava com fome. Era a minha oportunidade. Ainda não havia experimentado nenhum dos pãezinhos. Recobri a bandeja com o plástico e entreguei-a ao garoto à minha frente, sentindo uma satisfação enorme pela oportunidade de repartir algo que parecia ser meu.

— Não precisa me dar tudo! Só um "tá" bom! – foi o que ele me disse.

— São todos seus! – respondi sorrindo.

Senti-me alimentada de uma sensação nunca experimentada até então: a de ser útil a alguém por ter-lhe ofertado algo que queria. Já havia doado brinquedos e roupas usadas em outras ocasiões, mas aquilo foi diferente. Não se tratava de algo que eu não queria mais, era algo que, havia um segundo, eu tinha desejado muito. E, de repente, não queria mais, por encontrar mais satisfação em ver o garoto aceitá-lo. Isso era novidade. Desejei intimamente experimentar mais vezes aquela sensação. Ela diminuía a angústia que eu carregava comigo.

Ao chegar novamente ao carro, meu irmão me indagou:

— Por que você entregou tudo, rapaz? Não estava com tanta fome?

— Sim – respondi –, mas tenho outros biscoitos aqui para comer e ele, não.

Ficamos em silêncio. A minha sensação era a de ter feito algo que meu irmão não aprovava. Não imaginaria jamais que, anos mais tarde, conversando no colégio com um atleta de voleibol treinado por ele, ficaria sabendo que aquela cena simples havia marcado ele também. Já estava na adolescência quando o referido atleta me disse:

— Seu irmão vive falando de você...

— Falando de mim? Sério? – perguntei muito espantada.

Esse meu irmão nunca foi muito chegado a elogios, e eu já comecei a imaginar que o tema talvez fosse o quanto eu era péssima no esporte.

— Outro dia, voltando de um campeonato, todo mundo reclamando que estava morrendo de fome, ele veio dar uma lição de moral. Contou de um dia que vocês estavam saindo do mercado, e que você estava com fome, mas que, ainda assim, entregou a bandeja de pãozinho que ia comer para um garoto, dizendo que era o garoto quem realmente estava com fome. Todo mundo ficou em silêncio depois dessa.

Foi realmente surpreendente escutar esse relato. Jamais imaginaria que meu irmão tivesse sido impactado positivamente. Pelo contrário, senti-me bem por ter ofertado os pãezinhos, mas também envergonhada com o confronto dele no carro. Guardei dessa experiência uma dupla lição:

1. Dar do que nos sobra é bom, mas dar do que também queremos ou gostamos nutre o coração do doador.
2. Podemos ser uma referência positiva para pessoas quando nem imaginamos.

Mesmo antes de encontrar o caminho espiritual pelo qual meu coração ansiava, já me sentia adepta de uma religião cósmica chamada bondade. Não porque alguém me tenha dito que deveria, mas porque era uma das poucas certezas que tinha em meio a tantas perguntas. Não era uma informação intelectual, mas um sentimento: sempre foi prazeroso agir com bondade. Isso não me fez uma criança especial ou superior, também fui egoísta inúmeras vezes, como ainda sou hoje, nas circunstâncias mais corriqueiras da vida. Todavia, quando você experimenta a nutrição advinda da bondade, acaba querendo sentir um pouco mais, nem que seja por egoísmo.

O puro desprendimento e a abnegação sem interesse oculto, como está descrito na questão 893 de *O livro dos Espíritos*, ainda é matéria escassa na etapa evolutiva em que nos encontramos aqui na Terra. Nosso amor ainda contrasta com o interesse pessoal, e isso não deveria nos estarrecer; faz parte do nível de maturidade a que fazemos jus. Reconhecer a realidade e trabalhar de forma paciente e consistente para diminuir a distância entre quem somos e quem gostaríamos de ser é o trabalho do presente. Negar a escuridão que ainda reside em nós não nos torna mais iluminados, mas, sim, iludidos.

Sempre gostei da bondade, e ela nunca esteve sozinha dentro de mim. Convivendo com o anseio de bondade que florescia em atos aqui e ali, crescia também a sarça do egoísmo, buscando proteger meus próprios interesses.

No mesmo terreno em que a humildade aparecia como broto tímido, a brenha do orgulho jazia alta, abafando o desenvolvimento da singela virtude. Somos tal e qual ao que lemos na "Parábola do joio e do trigo", anotada em *Mateus*, 13:24: uma mistura do trigo divino com a erva daninha das paixões materiais.

Quanto do bem que fazemos é totalmente desinteressado? Uma resposta apressada pode não refletir toda a verdade. A mãe que ama seu filho e abandona todas as suas atividades para criá-lo talvez identifique, décadas mais tarde, o desejo de receber algo em troca pelo devotamento prestado em anos de dedicação. O trabalhador voluntário que dedica parte de seu tempo auxiliando uma causa pode perceber, quando visitado pela dor, a expectativa de que os desafios sejam amenizados pelas horas de serviço em prol do bem.

Decerto existem casos de total desinteresse aqui na Terra, mas não são a maior parte dos casos. Muitos de nós, ao investigar com sinceridade o móvel que lhes direciona ao bem, poderá ter dúvidas sobre onde termina o joio e começa o trigo puro dentro de si mesmo.

Essa constatação não objetiva desanimar os intentos de bondade que já acalentamos, muito pelo contrário; desejo, com tais reflexões, encorajar o amigo leitor a experimentar tal religião cósmica e a usufruir dos seus benefícios, ainda que percebendo a miscelânia de inço que resiste em meio aos brotos de caridade. Conforme asseverou o Mestre Jesus no decorrer da parábola:

> Deixem que cresçam juntos até a colheita. Então, direi aos encarregados da colheita: Juntem primeiro o joio e amarrem-no em feixes para ser queimado; depois, juntem o trigo e guardem-no no meu celeiro. (*Mateus*, 13:30)

O tempo da colheita, que é o tempo da separação de joio e trigo, chegará para todos nós, juntamente com a maturidade da consciência que nos apontará a verdade sobre quem realmente somos. Enquanto a imaturidade espiritual obnubilar a consciência do ser, faz-se mister investir na própria luz, ciente de que ela coexiste com a sombra de milênios. Nem negar a própria sombra, nem superestimar a sua importância, esquivando-se de praticar o bem; aceitar quem somos no dia de hoje e o bem que já conseguimos fazer, com as arestas que nos caracterizam, talvez seja o exercício que nos cabe nesta etapa da caminhada.

Conforme assevera, o benfeitor espiritual Emmanuel no livro *Pão nosso*,[29]

> Contra o nosso anseio de claridade, temos milênios de sombra. Antepondo-se-nos à mais humilde aspiração de crescer no bem, vigoram os séculos em que nos comprazíamos no mal.

— ✤✤ ✦✦ —

{108} Ainda hoje, mais de duas décadas me separando daquela rotina diária em que convivia com o contraste entre as crianças do transporte escolar e aquelas outras em situação marginal, a mesma angústia me acompanha. Eu me recuso a anestesiar o incômodo e sigo tal qual beija-flor que insistentemente carrega uma gota d'água na esperança de apagar o incêndio da floresta. Ações pequenas e simples podem não resolver problemas sociais complexos, mas nunca sabemos quem está nos observando, não é mesmo?

---

29. Emmanuel [Espírito], Francisco Cândido Xavier. *Pão nosso*. 29. ed. Brasília: FEB, 2008. [cap. 101]

Nem negar a própria sombra, nem superestimar a sua importância, esquivando-se de praticar o bem; aceitar quem somos no dia de hoje e o bem que já conseguimos fazer, com as arestas que nos caracterizam, talvez seja o exercício que nos cabe nesta etapa da caminhada.

capítulo 8

Quero ser voluntária

Por isso lhes digo: Peçam, e lhes será dado; busquem, e encontrarão; batam, e a porta lhes será aberta. Pois todo o que pede, recebe; o que busca, encontra; e àquele que bate, a porta será aberta.

Lucas, 11:9

NO CAPÍTULO 34 DO LIVRO *JESUS NO LAR*, o Espírito Neio Lúcio, por meio da mediunidade de Chico Xavier, relata a experiência de uma mulher que desejava ser mensageira do Reino de Deus e "bateu às portas do Paraíso, rogando trabalho". A narrativa é rica em reflexões e merece ser lida na íntegra, mas aqui apresentarei apenas o resumo para o intento do presente capítulo.

A referida mulher, que buscava trabalho às portas do Paraíso, recebeu reiteradas oportunidades de serviço no transcorrer de uma semana. Ocorre que, a cada tarefa no bem solicitada pelo anjo do Senhor, um novo obstáculo era apresentado pela candidata ao cargo de colaboradora dos serviços divinos. Os lugares que ela precisaria adentrar e as pessoas com as quais ela teria de lidar eram sempre obscenos, perigosos ou escandalosos em algum sentido. Não houve serviço de assistência possível de ser prestado, pois para todas as opções apresentadas havia sempre um "porém".

Ao final da lição, quando o anjo compreende que nenhuma tarefa será boa o suficiente para aquela serva, tem lugar o seguinte diálogo:

— Minha irmã, continue, por enquanto, desenvolvendo o seu esforço nas vulgaridades da Terra.

— Oh! E por quê? – indagou, perplexa. – Não mereço abeirar-me da vida mais alta?

— Seus olhos estão cheios de malícia – elucidou o Ministro, tolerante –, e, para servir ao Senhor, o servo do bem retifica o escândalo, com amor e silêncio, sem se escandalizar.

Calou-se o Mestre por minutos longos; depois, concluiu sem afetação:

— Quem se demora na contemplação do mal, não está em condições de fazer o bem.[30]

A televisão da sala de estar estava ligada como de costume, sem que eu estivesse com a atenção voltada para a programação do jornal local. Era horário de almoço e cada membro da minha família seguia a correria da sua própria rotina de estudo ou trabalho. Contava quase 13

---

30. Neio Lúcio [Espírito], Francisco Cândido Xavier. *Jesus no lar*. 37. ed. Rio de Janeiro: FEB, 2009. [cap. 34, p. 145-146]

anos nessa época, e morávamos em uma casa no bairro de Stella Maris, local que sempre me agradou por suas belezas naturais mais preservadas.

Então, uma propaganda fisgou a minha atenção que, até aquele momento, estava detida em meus próprios pensamentos. Era sobre um trabalho voluntário chamado "Amigos da Escola",[31] em que os participantes liam para crianças de escolas públicas. O convite parecia me alcançar diretamente. Havia tempos que desejava participar de algo semelhante, sem haver encontrado nada até então. Sempre gostei muito de ler, inclusive em voz alta, e aquela seria a chance de doar algo que era realmente pessoal: o meu tempo. Passei a aguardar ansiosamente pela veiculação daquela mesma propaganda com o objetivo de obter mais informações ou um telefone para o qual pudesse ligar.

Com essa ideia fixa em mente, era hora de compartilhar com meus pais o projeto. Durante a rotina do transporte escolar com minha mãe, soltei a informação despretensiosamente e aguardei pela resposta, pronta para vencer, pela força do argumento, possíveis objeções ao meu projeto. Inicialmente, ela ficou em silêncio, como quem tentasse entender a situação. Depois, fez perguntas práticas, que eu também não sabia responder. Precisava de ajuda para descobrir o caminho das pedras.

---

31. O Amigos da Escola é um projeto social brasileiro fundado pela Rede Globo, em agosto de 1999, que visa fortalecer a rede pública de ensino básico por meio do trabalho voluntário e da ação solidária.

Alguns dias se passaram até que minha mãe retornou com uma novidade. Havia estado com um sobrinho, que comentou sobre um projeto voluntário que ele coordenava em uma escola pública de um bairro chamado Alto do Coqueirinho. Era um local pelo qual passávamos diariamente em função do transporte escolar, mas que eu também conhecia por residir ali minha grande amiga da infância. Minha mãe não entendeu bem o que seria esse projeto, mas achou parecido com o que eu estava procurando.

Logo entrei em contato com meu primo e descobri mais detalhes. Ele coordenava um projeto chamado "Abrindo Espaços". Era uma iniciativa diferente daquela que eu havia visto na propaganda da TV, mas me interessei da mesma forma. O mais interessante é que o primeiro dia de atividades seria logo no sábado seguinte, no qual diversas oficinas seriam ofertadas para os alunos da escola com o objetivo de fortalecer o vínculo entre a comunidade e a instituição de ensino. Fui apresentada a todas as oficinas e escolhi integrar a oficina de teatro ao lado de uma amiga do meu primo que eu já conhecia.

No primeiro encontro da oficina, senti frio na barriga diante do desconhecido. Como seria a experiência? Como seriam os jovens? Será que eu conseguiria ajudar tendo apenas um ano de teatro na bagagem? Senti vontade de desistir, mas me lembrei das palavras do meu pai:

— Essa Larissa vive inventando moda!

Talvez ele estivesse certo. Lá estava eu inventando moda sem ao menos ter recursos para contribuir de verdade. Senti vontade de desistir e dar uma desculpa para faltar. Ainda assim, compareci, levando as inseguranças na mochila que carregava nas costas.

A experiência real foi mais leve que o cenário catastrófico arquitetado pela minha mente, mas não foi um cenário fácil. Eram dez jovens com idades entre 12 e 17 anos, estudantes da escola, que apresentaram comportamentos bem desafiadores durante toda a oficina. Nenhum deles era obrigado a estar ali em uma manhã de sábado, aquela era uma atividade extra, mas a sensação era a de que a maioria não queria estar ali. Eu não tinha experiência de vida para alcançar a complexidade das questões apresentadas naquele contexto. A minha companheira de oficina era psicóloga e conseguia desenvolver o trabalho com muita sensibilidade, enquanto eu apenas observava, tentando aprender e ser útil em alguma medida. Durante alguns sábados, a experiência se repetiu, e, de alguma forma, aplacou a angústia que eu sentia diante dos contrastes sociais com os quais convivia. Continuei a sentir o mesmo incômodo, mas a sensação de impotência já não estava mais presente.

Em um daqueles sábados, ao chegar pronta para cumprir o meu papel de ajudante, meu primo me deu a notícia de que minha parceira de oficina não conseguiria comparecer.

— E quem vai fazer a atividade? – perguntei, com medo da resposta que previa.

— Pensei em você, prima! Estamos com um grupo de oficineiros reduzido hoje. Você acha que consegue segurar as pontas?

— Vou tentar... – respondi reticente, tentando acreditar no que dizia.

Caos. É a palavra que melhor define o que foi aquela experiência. Eu não tinha quaisquer recursos para lidar com uma turma de jovens que, inclusive, não me viam como figura de autoridade. Tentei reproduzir o que já tinha visto nas minhas aulas de teatro, mas eles mal escutavam o que eu tentava dizer. Após quinze minutos que mais pareceram uma hora, tirei da manga uma última carta, sobre a qual já tinha ouvido comentários feitos por professores do colégio.

— Ninguém é obrigado a ficar aqui! Quem quiser sair, a porta da rua é serventia da casa! – falei em alto e bom som, quase gritando.

Um a um, os jovens foram saindo. Restou apenas uma jovem, a única que era mais nova que eu, com 12 anos. Suspeito que ela tenha ficado por não ter entendido o que falei. O sentimento foi de derrota; eu realmente não soube como conduzir a situação.

Aprendi naquele dia que boa vontade é um pré-requisito importante para contribuir com o trabalho do bem, mas não é tudo. Por mais que eu desejasse contribuir, ajudar, servir ou qualquer outro verbo semelhante a esses, a verdade é que precisava aprender a fazê-lo.

Nos sábados seguintes, a minha parceira de oficina faltou novamente e a turma passou a ter uma frequência de dois ou três jovens, os únicos dispostos a participar de uma atividade conduzida por uma outra jovem tão inexperiente quanto eles.

Uma amiga da escola me emprestou um livro com sugestões de atividades e dinâmicas de teatro que passei a utilizar no preparo das oficinas, o que me dava um pouco mais de segurança para seguir. Gostaria de poder contar que os sábados seguintes foram de muito sucesso e que logo tivemos um final feliz com uma grande reviravolta, mas não foi bem assim.

A minha primeira experiência de trabalho voluntário foi um verdadeiro fracasso. A minha oficina não foi a única que se arrastou sem um rumo definido; o mesmo aconteceu com as outras. A empolgação do início, com jovens da comunidade circulando pelos corredores da escola, deu lugar ao silêncio e ao desânimo.

Da parte de todos havia boa vontade, esse combustível abrasador sem o qual não teríamos saído da etapa do planejamento. Todavia, com o veículo já em movimento, era preciso saber para qual direção seguir, e como lidar com os obstáculos, e onde ficava o estepe caso o pneu furasse, ou, ao menos, qual era número do seguro do carro. Naquele caso, faltaram esses itens essenciais à continuidade do trabalho que envolvia tantos desafios. Fui me dando conta disso enquanto outras coisas aconteciam paralelamente na minha vida.

O desejo de contribuir seguia firme, mas eu precisava aprender o "como". Como ajudar de forma mais efetiva? Como me comunicar com jovens de uma realidade tão diferente da minha? Como criar conexão? Como vencer os obstáculos e seguir adiante?

Aquela experiência, assim como a minha peregrinação pelas igrejas, foi muito válida, mas ali também estive em uma breve passagem de apenas alguns meses para logo seguir adiante.

―❧❦―

Dentre aqueles que se disponibilizam, tal qual a serva piedosa, a ser mensageiros do reino de Deus há os que pedem oportunidades de serviço, mas não as enxergam quando aparecem pelo seu caminho. Outros buscam tarefas nobilitantes, mas, quando alcançam o campo de ação, têm os olhos carregados de malícia e julgamento, o que impossibilita auxiliarem com êxito. Há, ainda, aqueles que batem às portas da oficina laboriosa cheios de boa vontade, mas sem o alicerce do planejamento ou da experiência. Cada um deles necessita persistir de forma particular. Enquanto uns precisam de mais atenção e disponibilidade para ter olhos de ver o serviço quando ele aparece, outros necessitam vencer em si mesmos a resistência do orgulho que os conduz à falsa superioridade. Naquele ponto do caminho eu me encontrava especialmente entre os últimos, os que saem afobados para o labor, mas se esquecem de que as ferramentas são importantes para o empenho.

Nas palavras de Emmanuel:

Não bastará, portanto, rogar sem rumo, procurar sem exame e agir sem objetivo elevado. Peçamos ao Senhor nossa libertação da animalidade primitivista, busquemos a espiritualidade sublime e trabalhemos por nossa localização dentro dela, a fim de converter-nos em fiéis instrumentos da Divina Vontade. *Pedi, buscai, batei!...* Esta trilogia de Jesus reveste-se de especial significação para os aprendizes do Evangelho, em todos os tempos. [grifo nosso][32]

Pedir, portanto, com olhos de ver as oportunidades.
Buscar sem escandalizar-se com a realidade encontrada.
E bater com boa vontade aliada à instrumentação necessária.

---

32. Emmanuel [Espírito], Francisco Cândido Xavier. *Pão nosso*. 29. ed. Brasília: FEB, 2008. [cap. 109, p. 234]

Dentre aqueles que se disponibilizam a ser mensageiros do reino de Deus há os que pedem oportunidades de serviço, mas não as enxergam quando aparecem pelo seu caminho. Outros buscam tarefas nobilitantes, mas, quando alcançam o campo de ação, têm os olhos carregados de malícia e julgamento, o que impossibilita auxiliarem com êxito.

Há, ainda, aqueles que batem às portas da oficina laboriosa cheios de boa vontade, mas sem o alicerce do planejamento ou da experiência. Cada um deles necessita persistir de forma particular. Enquanto uns precisam de mais atenção e disponibilidade para ter olhos de ver o serviço quando ele aparece, outros necessitam vencer em si mesmos a resistência do orgulho que os conduz à falsa superioridade.

capítulo 9
A carona que mudou tudo

Também o reino dos céus é semelhante a um tesouro escondido num campo, que um homem achou e escondeu; e, pela grande alegria dele, vai, vende tudo quanto tem, e compra aquele campo.

Mateus, 13:44

CONFORME OS ANOS TRANSCORRIAM, A ideia de encontrar um caminho religioso que atendesse aos meus anseios íntimos foi cedendo lugar a uma certa conformação. Talvez fosse melhor prosseguir cultivando a relação com Deus na intimidade das minhas orações, frequentar as missas da Igreja Católica e aplacar minha angústia por meio do trabalho no bem. A sede de compreensão ficaria para depois. Tanta gente vive sem essas preocupações na cabeça, enquanto eu me via gastando tanta energia com isso.

Às vésperas do meu aniversário de 14 anos, minha avó Elisinha começou a me perguntar sobre quem seria a escolhida para ser minha madrinha na crisma,[33] enquanto no colégio o professor de filosofia resolveu passar um trabalho de pesquisa sobre a diversidade religiosa no mundo. No sorteio da religião que deveria pesquisar, o nome escrito em um pedaço de papel era: Budismo.

Naquela época não era tão simples quanto hoje buscar informações a respeito de quaisquer temas. Poucas amigas tinham em casa uma versão antiga do computador com aquela internet discada, que levava uma eternidade para funcionar. Apesar das aulas de informática da escola, só passei a ter acesso a computador em casa durante a faculdade, muitos anos mais tarde.

A pesquisa foi feita com o auxílio da bibliotecária do colégio, que me ajudou a encontrar, nas enciclopédias e nas revistas, informações úteis para as anotações que eu fazia em um par de folhas de papel almaço pautado. Gostei de muito do que li a respeito da não violência, da compaixão e das práticas meditativas. Senti certa familiaridade com algumas frases sobre o sofrimento e a aceitação das circunstâncias.

Em especial, a história do supremo Buda, Siddhartha Gautama, foi o que mais me atraiu. Guardadas as devidas proporções, senti-me identificada com a inquietação experimentada por ele ao conhecer os sofrimentos do mundo: miséria, doença, velhice e morte. A sua peregrinação e o seu anseio pela verdade reacenderam o

---

33. A crisma, também conhecida como sacramento da confirmação, é um dos sete sacramentos da Igreja Católica. É um rito que confirma o batismo e é celebrado quando o fiel atinge a idade da razão.

meu próprio desejo de seguir buscando respostas para os enigmas da vida. Quem somos? De onde viemos? Por que sofremos? Para onde estamos caminhando?

    Um ponto fundamental, entretanto, não casava com os princípios já assentados em mim. Eu já carregava a certeza de que voltamos à vida inúmeras vezes para progredir, mesmo não sabendo detalhes a esse respeito. Ocorre que, na doutrina budista, esse retorno pode acontecer, conforme a roda de *samsara*, em outros reinos e formas de vida. E essa parte não fazia sentido para as minhas concepções, assim como uma forma geométrica nova que não se encaixa no Tangram já existente. Apresentei o trabalho e desisti de ser budista, sem maior aprofundamento do tema. Contudo, segui lendo, a partir daquele ponto, sobre os ensinamentos e as práticas dessa religião e filosofia oriental carregada de profunda sabedoria.

    Carrego comigo uma frase atribuída ao Buda Siddhartha Gautama que, ainda hoje, não tenho certeza de ser mesmo dele, qual seja:

> Seu propósito na vida é encontrar um propósito e dedicar a ele todo o seu coração e a sua alma.

Ganhei fôlego para seguir o meu propósito usando, como bússola, meu coração e meu entendimento.

Poucos meses após essa pesquisa sobre a filosofia budista, em um domingo à tarde, estava na casa de uma amiga, pois tínhamos um aniversário para ir. O único obstáculo era que não tínhamos carona até o local da festa. A mãe de Lara, minha amiga, dispôs-se a nos levar, mas ela tinha um compromisso antes. E a condição para conciliar as duas coisas era que fossemos com ela e aguardássemos a realização do estudo que ela faria para só então seguirmos até a festa. Fui sem nenhuma expectativa, ingênua a respeito da importância daquele momento.

O bairro era o mesmo do colégio em que havia feito um trabalho voluntário com meu primo. O local era pequeno e bem simples, sem nenhum conforto ou decoração. Tinha apenas cadeiras voltadas para uma mesa, como acontecem nas salas de aula das escolas. Havia também alguns livros. Uma senhora na porta entregava mensagens, enquanto outras pessoas com idades entre 40 e 60 anos aguardavam o estudo começar. Minha amiga percebeu que eu não estava familiarizada com a situação e me explicou que estávamos em um centro espírita. Senti um arrepio na espinha. Era bem ignorante a respeito do que seria um centro espírita, mas, como tinha algumas experiências traumáticas com Espíritos, supus que uma coisa tivesse relação com a outra. Aguardei em oração, pedindo a Deus que tudo concorresse para o melhor.

A mãe de Lara era a responsável pelo estudo, e, após uma oração em voz alta, pegou um livro com capa antiga intitulado *O Evangelho segundo o espiritismo*[34] e começou a ler o trecho que se segue:

A melancolia

Sabeis por que, às vezes, uma vaga tristeza se apodera dos vossos corações e vos leva a considerar amarga a vida? É que vosso Espírito, aspirando à felicidade e à liberdade, se esgota, jungido ao corpo que lhe serve de prisão, em vãos esforços para sair dele. Reconhecendo inúteis esses esforços, cai no desânimo e, como o corpo lhe sofre a influência, toma-vos a lassidão, o abatimento, uma espécie de apatia, e vos julgais infelizes.

Crede-me, resisti com energia a essas impressões que vos enfraquecem a vontade. São inatas no espírito de todos os homens as aspirações por uma vida melhor; mas, não as busqueis neste mundo e, agora, quando Deus vos envia os Espíritos que lhe pertencem, para vos instruírem acerca da felicidade que ele vos reserva, aguardai pacientemente o anjo da libertação, para vos ajudar a romper os liames que vos mantêm cativo o Espírito. Lembrai-vos de que, durante o vosso degredo na Terra, tendes de desempenhar uma missão de que não suspeitais, quer dedicando-vos à vossa família, quer cumprindo as diversas obrigações que Deus vos confiou. Se, no curso desse degredo-provação, exonerando-vos dos vossos encargos,

---

34. Allan Kardec. *O Evangelho segundo o espiritismo*. Trad. Guillon Ribeiro. iii. ed. Rio de Janeiro: FEB, 1995. [cap. V, item 25]

sobre vós desabarem os cuidados, as inquietações e tribulações, sede fortes e corajosos para os suportar. Afrontai-os resolutos. Duram pouco e vos conduzirão à companhia dos amigos por quem chorais e que, jubilosos por ver-vos de novo entre eles, vos estenderão os braços, a fim de guiar-vos a uma região inacessível às aflições da Terra.
— François de Genève (Bordéus)

Sem que eu entendesse exatamente o porquê, lágrimas começaram correr pelo meu rosto, enquanto meu coração disparou em um misto de empolgação e alívio. Aquele texto descrevia uma parte importante daquilo que me parecia ser uma angústia. Era uma certa melancolia, sensação de cárcere e limitação de quem não consegue expressar exatamente quem é ou compreender o que deve fazer aqui. Pela primeira vez, escutei algo que fez total sentido na minha compreensão; era o que eu estava buscando havia tanto tempo. Chorei muito e agradeci, vislumbrando um início de alívio.

Mas isso não foi tudo. A capa daquele livro me era familiar. Havia um exemplar semelhante àquele na minha casa, mais especificamente na prateleira do meu quarto, na qual tinha por hábito reunir todos os livros da casa.

Eu já não tinha mais interesse na festa que viria a seguir. Queria, de verdade, ficar mais tempo ali, conversar com a mãe de Lara, entender mais, ler aqueles livros, dessedentar a minha sede.

Horas mais tarde, em retorno ao lar, corri até a prateleira em que estavam reunidas quatro obras para as quais eu nunca havia atentado. Páginas amareladas denotando a passagem do tempo, letras miúdas. Nas capas, a figura de um homem de aparência austera, cujo nome supus ser Allan Kardec. Os títulos eram os seguintes:

– *O Evangelho segundo o espiritismo*
– *O livro dos Espíritos*
– *O livro dos médiuns*
– *O céu e o inferno*

Tal qual o homem descrito na parábola, que, ao encontrar um tesouro escondido em um campo, vende tudo quanto tem e compra aquele campo, senti-me tomada por grande alegria (*Mateus*, 13:44). Como alguém que sai em busca de um tesouro e ao final descobre que ele estava mais próximo do que parecia, no seu próprio campo, ou, nesse caso, no meu próprio quarto. Já havia folheado algumas páginas daquele tesouro, sem imaginar que ali estava exatamente o que buscava havia tempos.

Uma euforia tomou conta do meu corpo naquela noite. Novas perguntas se avolumaram na minha mente inquieta: por onde começar? Qual é a ordem certa para a leitura? E por que esses exemplares estão na minha casa? Quem os terá comprado? Serão do meu tio Jorge, que eu sei ter alguma familiaridade com o espiritismo?

Folheei todos os livros e mudei a posição deles que, a partir de então, ficariam na minha cabeceira até que eu pudesse desbravá-los um a um.

Anos mais tarde, a letra de uma música de Tim e Vanessa me transportaria diretamente a essa experiência. Trata-se da música "Aprendiz", cuja letra exprime com riqueza de detalhes a minha (e, quem sabe, a sua) experiência:

Aprendiz

Como alguém que encontrasse a luz
Depois de andar e andar
Procurando o caminho
Como alguém que, enfim
Já pudesse ouvir
Respostas que trazem consolo e sentido ao destino

Eu encontrei tuas páginas
E sequei minhas lágrimas
Percebi que a dor da semente
É o parto da vida

Como alguém que já quer seguir
Os passos do mestre com fé e razão conscientes
Como alguém que, em si
Já soubesse ouvir
As vozes dos seres que habitam
O espaço infinito
Eu encontrei tuas páginas
E sequei minhas lágrimas
Percebi que a dor da semente
É o parto da vida

Minha dor me trouxe aqui
Pra entender a flor que brota em mim
Meu amor é aprendiz
De um bem maior, que seja assim
Nesse vai e vem sei que voltarei
Pra cuidar da flor, pra acalmar a dor
E ser feliz[35]

TIM E VANESSA

Haveria muito o que descobrir e experienciar a partir desse encontro (ou reencontro) com a doutrina espírita, mas o fato é que, assim como Saulo de Tarso teve, na estrada de Damasco, sua convocação pessoal para uma nova etapa da caminhada, minha presente existência foi profundamente marcada por tudo o que sucedeu após uma simples carona que me conduziu exatamente ao que buscava.

---

35. Assista à interpretação de Tim e Vanessa e sinta a experiência de "Aprendiz": https://youtu.be/jAkk7q1WLjA

Corri até a prateleira em que estavam reunidas quatro obras para as quais eu nunca havia atentado:

— *O Evangelho segundo o espiritismo*
— *O livro dos Espíritos*
— *O livro dos médiuns*
— *O céu e o inferno*

Senti-me tomada por grande alegria. Como alguém que sai em busca de um tesouro e ao final descobre que ele estava mais próximo do que parecia.

capítulo 10

Pai, qual é a sua religião?

*Ora, a fé é o firme fundamento
das coisas que se esperam, e a prova
das coisas que não se veem.*
— *Hebreus, 11:1*

UM MÊS HAVIA TRANSCORRIDO DESDE A primeira vez que adentrara o centro espírita com minha amiga e sua mãe. Durante os quatro domingos seguintes, participei das reuniões que ali aconteciam, bebendo avidamente daquela oportunidade de aprendizado tão aguardada. Percebendo a minha empolgação, a mãe de Lara comentou que havia centros espíritas com atividades específicas para os jovens e que poderíamos combinar para que ela nos levasse. Mostrou-me alguns livros disponíveis na livraria e, apontando para um deles, explicou que o centro que ela desejava me apresentar era presidido por um médium muito famoso no meio espírita, o qual tinha muitos livros publicados e era conhecido pela oratória marcante e por uma obra assistencial admirável. Vi a foto do médium, simpatizei de imediato com aquela imagem e guardei o anseio de visitar o local descrito o mais breve possível.

Já estudava diariamente *O Evangelho segundo o espiritismo* e *O livro dos Espíritos* quando adentrei a varanda de casa decidida a revelar aos meus pais que eu era espírita. Eles sabiam apenas que eu passeava nos fins de semana com a família de Lara, mas não sabiam que o destino era sempre um centro espírita. Imaginei que não haveria quaisquer obstáculos, mas, considerando a importância pessoal do momento somada ao fato de que não pretendia mais fazer a crisma, criei uma certa atmosfera de suspense para a "revelação".

Como era costume na minha casa aos domingos, meus pais estavam sentados na varanda de casa conversando e bebendo cerveja, quando cheguei puxando uma conversa mais séria:

— Pai, qual é a sua religião?

Sem disfarçar um certo espanto, ele respondeu:

— Minha filha… eu só acredito em Deus.

— Pois eu agora sou espírita. Estou frequentando um centro espírita no Alto do Coqueirinho com a Lara e a mãe dela – falei quase sem respirar.

Minha mãe, em silêncio, só observou, enquanto meu pai riu sarcasticamente e emendou:

— Espírita? E você lá sabe o que é espiritismo, Larissa?

— Estou começando a saber, sim – respondi ofendida –, estou lendo dois livros de Allan Kardec todos os dias.

O que veio a seguir ainda hoje me emociona. Guardo cada detalhe daquela tarde e daquela conversa inesquecíveis. A expressão de deboche deu lugar a um olhar sério, que tentava ler minha alma.

— Então, você agora é espírita mesmo? – perguntou com seriedade.

Assenti com a cabeça, sem conseguir ler o que se passava na cabeça paterna para que tivesse havido uma mudança tão drástica no rumo da conversa. Em seguida, ele empurrou o copo de cerveja para o centro da mesa, levantou-se vagarosamente e me convidou até o sofá da sala.

— Então, minha filha, vou lhe contar uma parte importante da minha história que você desconhece – disse serenamente, com certo embargo na voz.

Até aquele momento, eu conhecia somente um resumo da história do meu pai, sem riqueza de detalhes. Uma história marcada por muitas perdas e dores. Senti uma profunda compaixão por ele, que me fez relevar os momentos de grosseria e estresse. Sabia que minha avó falecera em função de um câncer quando ele e seus irmãos eram crianças na cidade de Feira de Santana. E que, alguns anos depois, meu avô cometera suicídio, obrigando meu pai a morar em um orfanato. Mais tarde, ele se casou, teve três filhos e, com os filhos ainda pequenos, ficou viúvo. Pouco tempo depois, conheceu e se casou com minha mãe, e logo nasceu mais um filho. Após nove anos, eu nasci. Tudo isso que eu sabia era verdade, mas faltavam peças fundamentais do quebra-cabeça, as quais deram um novo sentido ao todo naquela mesma tarde.

Pois bem, quando minha avó já estava com o câncer em estado avançado, segundo o relato do meu pai, ela recebeu a visita de um primo, ainda muito jovem, que abrira um orfanato em Salvador. Minha avó tinha sete filhos e, possivelmente, pressentindo a própria partida, teria solicitado ao primo que, caso fosse necessário, levasse consigo um dos filhos para que fosse cuidado pela instituição. Após o falecimento da mãe, os sete irmãos foram separados. De início, os meninos ficaram sob os cuidados do pai e as meninas, sob os cuidados da avó materna.

Foi um período de muitos desafios, especialmente para os meninos, pois o pai passou a beber dia e noite, deixando os cuidados dos menores para os filhos mais velhos. Segundo o relato do meu pai, eles só não passaram fome porque meu avô era maçom, e os companheiros da maçonaria deixavam itens alimentícios como leite e ovos em uma cesta para eles toda semana.

Até que chegou o trágico dia em que meu avô atentou contra a própria vida, deixando os filhos órfãos de mãe e pai. Logo depois, o primo materno teria combinado com a família que teria sob os seus cuidados dois dos filhos de sua prima falecida: meu pai Benedito e minha tia Silvia.

Eles passaram, então, a residir em Salvador, no bairro chamado Calçada, onde ficava localizada a primeira sede da Mansão do Caminho, obra social fundada por Divaldo Pereira Franco, o primo da minha avó Maria Rosa Franco, e Nilson de Souza Pereira.

Nessa instituição, inicialmente na Calçada e posteriormente em Pau da Lima, meu pai residiu desde os 7 para 8 anos e até completar a maioridade, quando se casou com uma bela jovem e constituiu sua família. Dessa união vieram três filhos, dois meninos e uma menina.

A vida caminhava bem; o menino que tinha crescido tendo que dividir tudo o que ganhava entre os irmãos de criação agora tinha um trabalho que lhe possibilitava comprar o que necessitava.

Conforme os três filhos cresciam, suas visitas à Mansão do Caminho e ao Centro Espírita Caminho da Redenção escasseavam, pois ele estava muito ocupado com a família e com o trabalho. Ademais, o interesse pelas questões religiosas nunca fora tão forte.

Em dado momento, recebeu um recado de um dos seus irmãos de criação:

— Bené, tio Di quer falar com você. Parece que é coisa séria.

Assim que pôde, meu pai procurou Divaldo na instituição, buscando um momento para a conversa. Nesse diálogo particular, Divaldo disse ao jovem primo, cuja personalidade forte conhecia bem, que buscasse frequentar a instituição ou aproximar-se de alguma religião que lhe despertasse o interesse, posto que, nos momentos desafiadores da existência material, era na experiência religiosa que o homem conseguia segurar-se para não sucumbir. Meu pai escutou aquelas palavras apenas como uma cobrança paterna por maior presença, sem dimensionar o que tal advertência prenunciava.

Poucos meses após a referida conversa, meu pai se despediu da esposa para mais um dia de trabalho. Ela havia trabalhado até tarde como professora do Mobral[36] e levaria os filhos à escola pela manhã. Eles tinham 7, 9 e 11 anos na época. Já no polo petroquímico em que

---

36. O Movimento Brasileiro de Alfabetização (Mobral) foi um programa de educação criado pelo regime militar brasileiro entre 1967 e 1985. O Mobral tinha como objetivo acabar com o analfabetismo, mas não alcançou esse objetivo.

trabalhava, uma ligação inesperada sinalizou um acidente envolvendo o automóvel da esposa. A empresa chamou um táxi corporativo para conduzi-lo até o local. Por coincidência, o taxista que atendera ao chamado foi Joaquim, irmão de criação de meu pai. Chegando ao ponto da colisão, um policial sem muito tato apresentou de pronto a identidade da vítima, juntamente com a notícia de seu falecimento. Um homem chorava sentado ao lado do veículo: era o legista acionado para a cena. Ao se deparar com a cena do acidente, reconheceu na motorista a sua cunhada. Era Zé Luís, outro irmão de criação da Mansão do Caminho. Outra coincidência.

Atordoado com a notícia e já ciente de que os filhos, assim como um colega que tinha pegado carona, estavam fisicamente bem, ainda que estivessem machucados, meu pai seguiu andando na direção do outro motorista envolvido no acidente. Sua esposa havia batido na traseira de um ônibus e, no calor da emoção, ele concluiu que o motorista era o culpado pela sua perda. Enquanto caminhava decidido a fazer aquele homem pagar pelo mal causado, carregando uma arma embaixo do braço, sentiu uma mão firme segurá-lo. Uma última coincidência: seu vizinho passava por ali na hora do acidente e viu tudo o que havia sucedido. O ônibus parou normalmente e, por algum motivo, talvez uma rápida distração materna para falar com as crianças no banco de trás, ela não freou a tempo e colidiu com o ônibus parado à sua frente.

— Ele não teve culpa alguma, Bené! Eu vi tudo! Foi um infeliz acidente... – concluiu o vizinho, enquanto removia o pacote que meu pai guardava debaixo do braço.

Nesse ponto da narrativa, tanto meu pai quanto eu estávamos muito emocionados. Eram coincidências demais para que fossem apenas coincidências. Meu pai, sempre tão cético e pessimista, parecia ter-se rendido às evidências que ele mesmo me apresentava. Conforme uma frase atribuída a Albert Einstein, "coincidência é a maneira que Deus encontrou de permanecer no anonimato". Do meu ponto de vista, a assinatura divina estava evidente em cada detalhe daqueles acontecimentos.

Após ficar viúvo, o raciocínio paterno, já calejado por tantas perdas, concluiu que Divaldo sabia o que estava por vir. Um ressentimento obnubilou a sua consciência durante uma última conversa com seu tio Di, quando apresentou toda a sua raiva incontida. Divaldo teria dito que realmente recebera um aviso de que ele sofreria mais uma perda, mas não sabia exatamente de quem, e, ainda que soubesse, não adiantaria dizer. Então, o que ele fez foi, de alguma forma, tentar amparar meu pai para a experiência inevitável.

Um incêndio interno abrasador impediu que meu pai compreendesse as palavras de Divaldo. Só alguém que já sofreu sucessivas perdas poderá dimensionar a mistura de raiva, tristeza e impotência experimentadas em um contexto como aquele. Para quem destinar a raiva? A Deus? Ao destino? Em que acreditar após mais uma rasteira da vida?

Parte da raiva parecia ter sido direcionada àquele primo que também desempenhara uma função paterna na sua jornada. Afastou-se. No ano seguinte, chegou a visitar o centro com seu filho mais novo, fruto do segundo casamento, para que as tias de criação o conhecessem. Entre aquela data e o momento em que me relatou os bastidores aqui descritos haviam transcorrido vinte e dois anos; mais de duas décadas sem adentrar a Mansão do Caminho ou encontrar com tios, tias e irmãos de criação.

 Em silêncio, apenas escutei o emocionante relato paterno, dando-me conta de que sempre estivera muito perto do tesouro que buscava e para o qual meu coração me guiava. Aquele mesmo médium e palestrante que a mãe de Lara havia apontado na aba de um de seus livros era então aquele primo da minha avó, um dos responsáveis pela criação do meu pai. Foi muita informação para digerir de uma única vez.

 — Pai, me leva na Mansão do Caminho! – pedi de súbito, interrompendo o silêncio.

 — Não! Está doida? Eu não vou lá há muito tempo, não tenho mais nada para fazer lá...

Na quinta-feira seguinte, às sete e meia da noite, uma van azul marinho dobrou a rua Marechal Deodoro,[37] mais conhecida como Beco do Bozó, em direção ao Centro Espírita Caminho da Redenção. Nela estavam meu pai e eu.

---

37. Bairro de Pau da Lima, Salvador, Bahia.

Eram coincidências demais para que fossem apenas coincidências. Conforme uma frase atribuída a Albert Einstein, "coincidência é a maneira que Deus encontrou de permanecer no anonimato". Do meu ponto de vista, a assinatura divina estava evidente em cada detalhe daqueles acontecimentos.

parte 3

A vista do monte

capítulo 11

Centro de amor, Mansão querida

*Pois este meu filho estava morto e voltou
à vida; estava perdido e foi achado.
E começaram a festejar o seu regresso.*
— *Lucas, 15:24*

NA "PARÁBOLA DO FILHO PRÓDIGO" (*Lucas*, 15:11-32), consta que um homem que tinha dois filhos recebeu do mais novo o pedido de obter a sua parte na herança paterna, ofensa grave e direta a um patriarca hebreu. Para a surpresa geral, o pai aquiesceu ao desejo do filho e repartiu a herança entre os filhos. O primogênito, que por direito de nascimento fazia jus a mais benefícios e responsabilidades do que o caçula, permaneceu ao lado do pai, aparentemente fiel ao progenitor, enquanto o filho mais novo reuniu seus bens e partiu para uma região longínqua, onde viveu dissolutamente, desperdiçando a herança. Em pouco tempo, porque sofresse a região um período de fome e já experimentando a escassez, o filho, outrora abastado, teve de empregar-se nos campos, cuidando de porcos e desejando comer o alimento deles. Foi nessa situação tão distante daquela em que cresceu junto ao pai que o filho pródigo caiu em si:

> Quantos empregados de meu pai têm comida de sobra, e eu aqui, morrendo de fome!
> Eu me porei a caminho e voltarei para meu pai e lhe direi: Pai, pequei contra o céu e contra ti.
> Não sou mais digno de ser chamado teu filho; trata-me como um dos teus empregados. (*Lucas*, 15:17-19)

É nesse ponto da narrativa que o filho inicia seu percurso de volta, consciente agora das benesses que tinha, das infrações cometidas, da reparação necessária. Volta fracassado por um lado e amadurecido pela experiência, por outro.

Mais uma vez, foi a postura do patriarca que surpreendeu a todos. O esperado seria não receber o filho, negar o perdão, manter-se distante, demonstrar indiferença. Não foi o que aconteceu. Avistando o rebento ainda distante, o pai correu ao seu encontro e, tomado de compaixão, faz questão de demonstrar seu afeto publicamente com um abraço e um beijo.

Estava claro para toda a comunidade que o pai havia absolvido o filho de pronto. E, como se não bastassem tais gestos, o amor paternal solicitou aos servos que trouxessem boas roupas, calçados para os pés e um anel para seu dedo, sinalizando publicamente que o rapaz estava sendo recebido de volta como filho.

Na sequência, em meio às festividades advindas da generosidade do patriarca, causou espanto a postura do filho primogênito. Exatamente aquele que permanecera ao lado do pai, fiel. Ao chegar do campo e informar-se dos últimos acontecimentos, ele foi tomado de ira e recusou-se a entrar, trazendo à luz, diante o pai, o ressentimento e o ciúme até então silenciados. O filho fisicamente próximo sempre esteve emocionalmente distante. Mais uma vez, foi a postura do pai que causou espanto quando respondeu ao sucessor: "Meu filho, você está sempre comigo, e tudo o que tenho é seu. Mas nós tínhamos que celebrar a volta deste seu irmão e alegrar-nos, porque ele estava morto e voltou à vida, estava perdido e foi achado".

Naquela noite de quinta-feira, esperei ansiosa pelo retorno de meu pai do trabalho, para que pudéssemos seguir até a Mansão do Caminho e assistir a palestra da noite no Centro Espírita Caminho da Redenção. Não fazia ideia de como seria o local e, por mais que tentasse imaginar, faltavam parâmetros tangíveis à minha imaginação.

Meus pais tinham uma van azul marinho que era utilizada para transportar turistas, e foi nela que seguimos rumo ao destino aprazado. Era um momento especial para pai e filha, cada um de nós carregando expectativas e apreensões distintas. De minha parte, a expectativa era sobre como me sentiria ao chegar lá, seria algo especial ou frustrante? E as pessoas que encontraria?

Seriam novos amigos ou não mais retornaria àquela localidade? Meu pai, provavelmente, carregava outros temores.

 Tal qual o filho pródigo, afastado por longos anos, devia se perguntar sobre como seria recebido. À certa altura do caminho, ele me perguntou:

 — Será que vão me reconhecer? Eu era bem mais novo na última vez que estive lá.

 — Tenho certeza de que sim – respondi. – Faz muito tempo, mas você já era adulto e os adultos não mudam tanto assim.

 — Nilson é mais certo de estar lá, mas Divaldo pode estar viajando – acrescentou, como quem tenta aliviar as próprias expectativas.

 — Vai ser bom, pai! Mesmo que a gente não encontre ninguém, vai ser bom. Você vai me apresentar um lugar que faz parte da sua história.

 Dobramos uma ruela conhecida no bairro como Beco do Bozó e, logo à frente, deparamo-nos com um grande portão azul, cuja inscrição denotava nossa linha de chegada: MANSÃO DO CAMINHO.

 Com o coração acelerado, senti-me entrando em um local estranhamente familiar. Meu pai tentou disfarçar a própria emoção, e ambos mantivemos o silêncio. Após estacionarmos o carro, dei-me conta da beleza que caracterizava a instituição, com muitos jardins e árvores, tudo muito cuidado e simples ao mesmo tempo.

 — Vamos à livraria – convidou meu pai.

 Ao abrir uma porta de vidro, um homem sorridente de fala forte registrou a nossa presença:

— Nossa! Será que eu desencarnei e não percebi? – disse com ar de brincadeira. – Esse é Benedito, mesmo? Achei que só o veria novamente na espiritualidade ou em uma reunião mediúnica me pedindo ajuda... – gargalhou.

Meu pai sorriu desajeitado e caminhou na direção daquele que ainda me era desconhecido, estendendo a mão.

— Tio Nilson! – disse meu pai, sendo surpreendido pelo seu interlocutor com um abraço apertado.

— Meu filho, quanto tempo! – exclamou tio Nilson.

Eu desejava apenas continuar admirando aquele reencontro, mas logo fui chamada à conversa e apresentada àquele que ficaria marcado nas minhas memórias como sendo o detentor dos abraços mais apertados e dos olhos mais emotivos.

Tio Nilson conversou demoradamente com meu pai enquanto eu admirava as fileiras de livros expostos nas prateleiras, agradecendo a Deus pela oportunidade daquele momento. Soubemos que Divaldo estava viajando, cumprindo um roteiro de palestras, e não seria possível encontrá-lo naquela ocasião. Assistimos a palestra da noite e voltamos para casa com os corações apaziguados.

Nas semanas seguintes, já informados da programação pública da instituição, retornamos às palestras das terças-feiras e à evangelização da Juventude Espírita Nina Arueira aos domingos. Foi minha mãe quem me acompanhou na evangelização. Era domingo de Páscoa e a atividade seria coletiva, com jovens de todas as idades juntos na mesma sala. Minha postura era de observadora, tentando absorver ao máximo tudo o que era proposto.

Achei engraçado, desde o primeiro instante, perceber no semblante de muitos jovens presentes um certo desinteresse ou desmotivação, como se não desejassem estar ali, enquanto eu não queria mais ir embora. Havia tido trabalho para conhecer aquele lugar e agora dependia da boa vontade dos meus pais para me levarem. Acredito que eles não sentiam a mesma coisa que eu experimentava, não estavam naquela busca. Cada um com seu próprio caminho, com sua própria sede.

Quando a atividade terminou às onze horas, minha vontade era apenas permanecer ali, fazendo qualquer coisa; caminhar pelos jardins, subir as ladeiras, admirar o laguinho, ler, ser útil de alguma forma. Queria apenas ficar. Mas não era possível, tinha que voltar.

Com muita insistência e algumas doses de chantagem, convenci meus pais a frequentarem comigo as palestras de terças ou quintas e a evangelização aos domingos pela manhã. Havia acabado de completar 14 anos e ainda não tinha autorização para pegar ônibus sozinha. Então, o jeito era me levarem.

Em uma dessas terças-feiras à noite, fui informada de que Divaldo havia retornado de viagem e que a palestra seria proferida por ele. O salão estava muito mais cheio do que nas ocasiões anteriores, e tivemos que nos sentar no mezanino para assistirmos à preleção doutrinária. Alguns minutos antes do início, identifiquei que era Divaldo quem adentrava o cenáculo, caminhando entre as fileiras de cadeiras e cumprimentando as pessoas com um sorriso.

— Vamos lá, pai? – perguntei, já me levantando da cadeira.

— Não precisa disso... Outro dia eu vou... – respondeu em tom reticente.

Insisti mais uma vez, até perceber que talvez fosse muito para ele naquele momento. Fui sozinha, treinando na mente o que falaria e, ao mesmo tempo, perguntando-me se faria algum sentido cumprimentá-lo sem a presença paterna. Quando já estava a uma curta distância, percebi que Tio Edilton, um dos coordenadores da Juventude com quem havia conversado parcialmente sobre a minha história, estava ao lado de Divaldo. Antes que pudesse dizer algo, Tio Edilton adiantou-se:

— Divaldo, você já conheceu Larissa? É sua neta. Filha de Benedito, que foi criado aqui na Mansão.

— Ah, sim! Nilson me contou essa boa novidade! Seja bem-vinda! E onde está seu pai? – indagou Divaldo, enquanto tocava levemente meu ombro.

— Ele está no mezanino com minha mãe... – respondi, sem saber como justificar a situação.

Sorrimos e segui em frente, em um misto de alegria e desconforto.

— Pai, falei com Divaldo. Agora ele sabe que você está aqui. O senhor tem que ir cumprimentá-lo – falei com veemência.

— Agora não dá tempo, já vai começar a palestra! – ele respondeu.

Ao final da explanação, olhei para ele como a repetir com os olhos a minha última fala. Ele entendeu e aquiesceu também com o olhar. Uma fila de pessoas tentava falar com Divaldo e meu pai buscava me convencer a desistirmos. Mantive-me firme no propósito até que chegou a nossa vez. Até então, nunca havia presenciado meu pai tão desconcertado.

Diferentemente do encontro com Tio Nilson, com quem a intimidade logo reapareceu, naquele caso havia realmente um obstáculo a mais, além do tempo transcorrido.

— Benedito! Quanto tempo... Sua filha precisou arrastá-lo para que você viesse me cumprimentar, não foi? – disse Divaldo, em um tom descontraído.

Os dois se cumprimentaram com um certo distanciamento emocional e logo seguimos, dando espaço para as demais pessoas da fila. Mesmo hoje, não saberia dizer quais foram os bastidores daquela cena, mas me senti estranha. Não apenas naquele dia, mas também nas demais vezes em que os dois se encontraram. Talvez houvesse em mim uma expectativa de que os vínculos consanguíneos despertassem o ensejo de um abraço, ou que meu pai dissesse algo, pedisse desculpas. Não sei ao certo qual era a minha expectativa, mas naquela noite fui dormir me perguntando quais tinham sido os bastidores daquela relação, ao mesmo tempo tão próxima e tão distante.

Transcorridos vinte e um anos desde aquele dia em que meu pai me levou pela primeira vez à Mansão do Caminho, relembro com carinho um pequeno trecho que ele aprendeu quando era uma daquelas crianças que ali moravam:

> Centro de Amor, Mansão querida
> Celeiro de virtudes,
> onde a fraternidade congrega
> os que são bons
> a serviço do bem
> Guiando os fracos para a eternidade
> Se passas cansado, caminhar errante
> Pare um instante,
> Entra
> A casa é sua.[38]

O filho pródigo retornou ao lar em que cresceu. Eu encontrei o lar procurado pelo meu coração enquanto crescia.

---

38. Aqui, transcrevo esse poema tal qual aprendi do meu pai, sem haver encontrado o original ou saber a autoria. Está, portanto, sujeito a equívocos.

Dobramos uma ruela conhecida no bairro como Beco do Bozó e, logo à frente, deparamo-nos com um grande portão azul, cuja inscrição denotava nossa linha de chegada: Mansão do Caminho.

Com o coração acelerado, senti-me entrando em um local estranhamente familiar. Após estacionarmos o carro, dei-me conta da beleza que caracterizava a instituição, com muitos jardins e árvores, tudo muito cuidado e simples ao mesmo tempo.

capítulo 12

Vamos marcar um Evangelho?

*Pois onde se reunirem
dois ou três em meu nome,
ali eu estou no meio deles.*
— *Mateus, 18:20*

MEUS ANOS NA JUVENTUDE ESPÍRITA Nina Arueira, ou JENA para os íntimos, foram marcados pela intensidade. Eu gostava muito de estar nos espaços da Mansão do Caminho, quaisquer que fossem as atividades. E a juventude era abundante em atividades para além da evangelização propriamente dita. Havia oficinas de artes, estudos sobre a mediunidade, trabalhos assistenciais, visitas a instituições, viagens de intercâmbio com juventudes do interior da Bahia, dentre tantas outras oportunidades de aprendizado e convivência fraterna.

Gradativamente, fui ampliando minha agenda de compromissos na instituição, aproveitando avidamente qualquer motivo para passar mais tempo ali. Foram quase oito anos de participação que exerceram um impacto muito positivo na minha existência. Os sentimentos de melancolia e solidão que vez ou outra teimavam em tisnar os dias da minha infância foram cedendo lugar ao pertencimento e ao sentido existencial, que agora protagonizavam minha adolescência. Amizades verdadeiras foram construídas naqueles dias e se estenderam para além dos muros da Mansão do Caminho.

Enquanto caminhava pelos jardins, descia e subia a pé as ladeiras, ou contemplava o laguinho e toda a natureza nativa preservada naquele local, agradecia pela oportunidade de ter chegado até ali. As minhas conversas com Deus seguiam presentes nos mesmos moldes da infância: eu apenas abria meu coração e fazia silêncio suficiente para usufruir da presença divina. Isso nunca mudou. A mudança veio da paz oriunda do entendimento.

Agora, tudo parecia mais claro, como se recordações adormecidas tivessem, enfim, despertado. O estudo das obras de Allan Kardec passou a acompanhar meus dias como um companheiro seguro para os momentos de dúvidas. Especialmente o livro *O Evangelho segundo o espiritismo* me aproximou da figura do mestre Jesus, até então pouco compreendida por mim.

Acostumei-me a observar a imagem de Jesus crucificado e distante, no alto da Igreja, e não conseguia dimensionar a grandiosidade do Jesus humano, caminhando entre a multidão e convivendo com os seus discípulos. Os trechos já estudados no tempo em que acompanhava a missa, ou lia a versão da *Bíblia* ofertada pela minha avó, não foram capazes de me aproximar do doce Rabi. Por mais incrível que possa parecer para alguns, eu me sentia muito próxima de Deus e ainda distante do Nazareno.

Foram as leituras de *O Evangelho segundo o espiritismo* que despertaram em meu coração um amor sincero por Jesus. A partir dessa leitura, desejei conhecer melhor a vida do Mestre por meio das narrativas dos quatro principais evangelistas. Tirei a poeira de uma *Bíblia* já existente na sala de casa e passei a ler pequenos trechos do *Novo testamento*, estreitando o meu relacionamento com a boa nova.

Nas palestras de Divaldo Franco, em muitas ocasiões, as descrições das passagens evangélicas nos levavam às lágrimas, como se transportados fôssemos para a Galileia, para o lago de Genesaré ou para o monte das bem-aventuranças. Por meio dessas palestras, tive notícias dos livros do Espírito Amélia Rodrigues, pela mediunidade do próprio Divaldo, assim como do livro *Boa nova*, do Espírito Humberto de Campos, por Chico Xavier. Comecei a me sentir uma candidata ao discipulado, desejando viver tudo aquilo que lia e escutava.

Seguia vivendo como uma adolescente comum, mas os temas da fé, do *Evangelho* e da caridade eram aqueles que faziam palpitar meu coração. De forma mais consciente, comecei a cogitar, desse lugar de ovelha, em outras existências desgarrada do bom pastor e agora desejosa de caminhar no seu encalço, sentir seu cheiro para não mais perder-me.

Meu pai, vez por outra, dizia:

— Daqui a pouco você vai se mudar para a Mansão do Caminho... Está ficando mais lá do que em casa – dizia em tom debochado.

— Quem sabe isso acontece mesmo! – eu respondia, falando mais sério do que meu pai poderia cogitar.

Com o passar dos primeiros anos, eu já havia estabelecido um laço de amizade com algumas das senhoras que residiam na instituição e haviam sido trabalhadoras da primeira hora. Elas estavam lá desde a época em que meu pai era uma das crianças acolhidas pela casa. Contavam, naquele momento, aproximadamente oito décadas de vida e se mantinham ativas nos afazeres do cotidiano e nas rotinas doutrinárias do centro espírita. Sempre tive sincero apreço por escutar a história de vida dos mais antigos e aprender com seus relatos, e, uma vez por semana, nos intervalos entre as atividades realizadas, visitava duas dessas senhoras, muito queridas ao meu coração: Tia Nidia e Tia Almerinda.

Elas moravam em casas diferentes, mas sempre me acolhiam com similar carinho, o que me incentivava a retornar. Eu, que nunca fui boba nem nada, já chegava na proximidade do café da tarde, momento propício às melhores conversas e aos melhores encontros. Consigo me lembrar, nesse mesmo instante, do cheiro de café passado na hora, servido em uma mesa simples, sempre bem organizada, com louça antiga, bolo caseiro e alguns biscoitos. E nesse cenário agradável eu indagava sobre a história daquelas senhoras à minha frente, cujas peles me contavam mais detalhes dos desafios já experimentados. Às vezes, ríamos de cenas da época do meu pai e das suas peraltices de menino. Eu adorava escutar tudo, era capaz de me demorar horas e horas por ali. O momento de ir para a palestra doutrinária era o nosso limite temporal e nos despedíamos com um até breve.

Aos 16 anos, frequentar as atividades da JENA não mais dependia da boa vontade dos meus pais. Eu já estava liberada para utilizar o transporte público e ficou mais fácil participar de tudo o que desejava. Ocorre que algumas atividades terminavam tarde da noite, e, ao perceber que aos sábados eu saía da instituição às nove da noite para retornar no domingo às sete e meia da manhã, Tia Nidia se compadeceu.

— Minha filha, por que você não dorme aqui em casa aos sábados? – perguntou ela.

— Será, Tia Nidia? Não quero atrapalhar a rotina da senhora – respondi entre surpresa e feliz ao convite inusitado.

— Atrapalha nada, minha filha, vai me fazer companhia. Fico preocupada com esse horário que você sai daqui para voltar depois tão cedo – explicou.

E no sábado seguinte, lá estava eu com minha mochila, saindo da palestra doutrinária em direção à casa de Tia Nídia, onde já havia um lanchinho me esperando. Após o lanche, conversávamos, fazíamos uma oração lado a lado e eu arrumava meu colchão para um sono feliz e reparador.

— ⁂ ⁂ —

Em uma das atividades da juventude, foi sugerida uma experiência mensal extramuros: toda a turma daquela faixa etária iria à casa de um dos membros do grupo para participar do Evangelho no Lar. Cada jovem deveria verificar com a própria família a possibilidade de receber o grupo e a data oportuna para tal. Depois, seria feito um cronograma para esses encontros ao longo do ano. Considero essa feliz iniciativa um marco importante para a conexão entre os jovens do meu grupo. Foi nesses Evangelhos que alguns laços de amizade foram estreitados, e que a melhor desculpa possível surgiu para nos reunirmos em outras oportunidades. Fosse aniversário de alguém, fosse despedida de quem estivesse de mudança, fosse mesmo sem motivo algum, o convite era:

— Vamos fazer um Evangelho na casa de "fulano"?

E, a partir disso, cada um levava um lanche a ser compartilhado, fazíamos o Evangelho, cantávamos, conversávamos e cultivávamos as amizades. Até a minha saída da JENA, em dezembro de 2010, quando precisei mudar de cidade, os Evangelhos ainda eram um grande motivo para os nossos encontros fraternos. A minha despedida desse grupo de amigos, inclusive, foi um Evangelho na minha casa.

Levei de tal forma esse costume comigo que busquei compartilhá-lo com outros grupos em algumas juventudes das quais participei como facilitadora no Rio de Janeiro e em Corumbá. Nos anos em que morei com meu esposo em Brasília, tivemos um grupo de amigos que, durante um ano e meio, dirigia-se todas as segundas ao nosso apartamento para partilhar do Evangelho conosco. Cada casal levava um prato de lanche e, após a leitura e as orações, estreitávamos os laços de amizade. Nesse grupo, nem todos eram espíritas, mas o respeito e o acolhimento nos congregavam em torno do Evangelho de Jesus. Quando seguimos para outra cidade, esse grupo ainda prosseguiu por mais algum tempo.

Tivemos, ainda, nesse mesmo período em Brasília, a oportunidade de conhecer e integrar um Evangelho familiar semelhante ao nosso e regado a fraternidade. Ele acontecia aos domingos na casa de uma família que nos acolheu carinhosamente e que tinha numerosos participantes, que ali se encontravam pelo simples prazer de estarem reunidos em torno da boa nova. Vários casais de diferentes idades conversavam animadamente, discutiam suas impressões a respeito dos textos e depois prosseguiam no partir do pão com o mesmo respeito e amizade de antes.

Essas referências experimentadas pelo ensejo do Evangelho foram também muito curativas para mim. Intimamente, sentia falta da vivência de encontros dessa natureza no ambiente familiar. Cheguei a acreditar, por um tempo, que fosse da minha personalidade não gostar de reuniões familiares e comemorativas. Ao longo dos anos, fui percebendo tratar-se apenas de uma questão de estilo. Esses encontros motivados pelo estudo do Evangelho regados a fraternidade, músicas e comidas simples eram (como ainda são) meu estilo preferido de reunião.

No prefácio do livro *Jesus no lar*, o benfeitor espiritual Emmanuel, ao defender a importância da renovação moral de cada criatura por meio do Evangelho de Jesus, afirma:

> Atingindo esse ápice do entendimento, a criatura ama o templo que lhe orienta o modo de ser, contudo, não se restringe às reuniões convencionais para as manifestações adorativas, e sim traz o Amigo Celeste ao santuário

familiar, onde Jesus, então, passa a controlar as paixões, a corrigir as maneiras e a inspirar as palavras, habilitando o aprendiz a traduzir-lhe os ensinamentos eternos através de ações vivas, com as quais espera o Senhor estender o divino reinado da paz e do amor sobre a Terra.[39]

Todas as narrativas contidas no livro têm como contexto o domicílio de Simão Pedro, no qual os discípulos da primeira hora congregavam-se para escutar o Mestre, trocar impressões e repartir o pão. Na simplicidade do ambiente doméstico, Jesus aproveitava o ensejo de situações cotidianas para apresentar lições profundas a respeito do reino de Deus.

— ⋅❊⋅❊⋅ —

❖{ 166 }❖ Dos 14 aos 21 anos, aprendi muito sobre a doutrina espírita e o Evangelho de Jesus por meio das aulas de evangelização, dos grupos de estudos, das palestras doutrinárias e das oficinas sobre mediunidade ofertados pela JENA. Ali, saciei minha sede de entendimento e de sentido existencial. Mas a verdade é que encontrei nesses sete anos muito mais do que buscava.

Para além dos momentos diretamente destinados ao aprendizado, experienciei muitos outros que me nutriram de pertencimento e inspiração. As leituras com os amigos da JENA em frente ao laguinho, as conversas com Tia Almerinda e Tia Nidia, assim como os inúmeros

---

[39]. Neio Lúcio [Espírito], Francisco Cândido Xavier. *Jesus no lar*. 37. ed. Rio de Janeiro: FEB, 2009. [p. 10]

Evangelhos no Lar nas diferentes casas, fizeram-me entender a promessa do Mestre quando asseverou: "Pois onde se reunirem dois ou três em meu nome, ali eu estou no meio deles".

Foi por meio dessas experiências que passei não apenas a compreender a vida e os exemplos de Jesus, nosso modelo e guia, mas também a sentir a presença do amigo Jesus sentado na casa de Simão Pedro em colóquio fraterno, repartindo o pão entre amigos queridos.

Acostumei-me a observar a imagem de Jesus crucificado e distante, no alto da Igreja, e não conseguia dimensionar a grandiosidade do Jesus humano, caminhando entre a multidão e convivendo com os seus discípulos.

capítulo 13
Você se levanta e fala

Porque Deus não nos deu um espírito de medo e timidez, mas um espírito de poder, de amor e de autodomínio.

— 2 Timóteo, 1

PAULO DE TARSO, O GRANDE APÓSTOLO dos gentios, teve dois grandes colaboradores muito próximos ao seu coração, quais sejam, Timóteo e Tito. Paulo percebeu a disponibilidade de ambos diante das oportunidades de serviço e enxergou no fruto verde o potencial de maturação. Confiou a eles tarefas importantes e obteve testemunhos de fidelidade ao Evangelho de Jesus. Em momentos cruciais do trabalho de Paulo, esses dois amigos estiveram presentes, fisicamente, representando o próprio Paulo em tarefas de divulgação e conciliação, ou por meio das epístolas.

No quarto capítulo da obra *Paulo e Estêvão*, o autor espiritual Emmanuel apresenta mais detalhes do encontro entre Paulo e o jovem Timóteo, filho de Eunice e neto de Loide, que tão bem acolheram o apóstolo na pequena cidade de Listra. Timóteo tinha pouco mais de 13 anos quando escutou as primeiras apresentações a respeito do

Cristo feitas por Paulo. Segundo consta nas descrições de Emmanuel, o próprio Paulo teria observado que, enquanto falava sobre o Cristo, "o pequeno Timóteo ouvia-o com tais demonstrações de interesse que, muitas vezes, lhe acariciou a fronte pensativa".[40]

Tempos depois, em uma das cartas de Paulo a Timóteo, liam-se as seguintes palavras de encorajamento:

> Sempre que me lembro de ti nas minhas orações, o que acontece frequentemente, de noite e de dia, expresso o meu agradecimento a Deus. Este é o Deus dos meus antepassados a quem tenho servido com uma consciência limpa. Desejo muito tornar a ver-te o que dar-me-ia uma imensa alegria, pois lembro-me das tuas lágrimas quando nos separámos. Lembro-me da tua fé sincera, fé que a tua avó Loide e a tua mãe Eunice também tiveram, e que também domina a tua vida. Por isso, recordo-te que deves tornar mais vivo o dom espiritual que Deus te deu, quando impus sobre ti as minhas mãos. Porque Deus não nos deu um espírito de medo e timidez, mas um espírito de poder, de amor e de autodomínio. (2 *Timoteo*, 1)

Mais tarde, teremos notícias de outros bastidores elucidativos a respeito da postura de Paulo em relação aos jovens trabalhadores do Evangelho. Dessa vez, o protagonista é Tito e o cenário é Jerusalém. A obra de assistência aos necessitados e enfermos havia crescido e

---

40. Emmanuel [Espírito], Francisco Cândido Xavier. *Paulo e Estêvão*. 45. ed. Brasília: FEB, 2017. [segunda parte, cap. 4]

demandava uma ampliação nas dependências da instituição. Era Tiago, filho de Alfeu, quem estava à frente dos trabalhos, e Paulo percebia, nesse grande trabalhador, feições características de um "Mestre em Israel", similares aos hábitos farisaicos. Tiago carregava expressão circunspecta, não sorria e parecia medir cada gesto e cada atitude. A atmosfera parecia muito diferente daquela encontrada por Paulo anos antes, quando ali esteve e encontrou a pura expressão da simplicidade e do acolhimento. Enquanto Paulo, o antigo perseguidor de cristãos, representava agora o progresso e a expansão da boa nova, Tiago desempenhava o papel de intermediação com os representantes do judaísmo e de conservação das tradições.

Foi nesse contexto que Tiago indagou sobre a procedência de Tito, o jovem rapaz que acompanhava a comitiva de Antioquia. Quando Paulo confirmou o que, decerto, Tiago já suspeitava, que Tito descendia de gentios e não era circuncidado, o clima ficou ainda mais tenso entre os dois líderes convocados diretamente pelo Cristo a serviço do Evangelho. E, para além do enredo que se desenrolou a partir desse ponto, busco aqui destacar a firmeza de Paulo ao demarcar o lugar de Tito, sem preocupar-se com exigências exteriores. As palavras do apóstolo da gentilidade foram claras: "Tito é representante de nossa comunidade".

—❖≫≪❖—

Secundando minha chegada à juventude, veio o Grupo de Ação Comunitária Lygia Banhos aos sábados, quando uma parte do grupo caminhava até a rua do Ouro, também em Pau da Lima, para realizar atividades educativas com crianças e adolescentes assistidos pelo trabalho. Foi por meio dessa tarefa que passei a ter uma relação mais próxima com Tio Edilton, um dos coordenadores da juventude, com o qual trabalhei por muitos anos na referida rua.

A história de dr. Edilton Costa Silva, dr. Edilton, Dito ou Tio Edilton, como costumo chamá-lo ainda hoje, merece um livro à parte, mas seria impossível falar da minha experiência na Mansão do Caminho sem citá-lo. Um médico que, na juventude, trabalhou e conviveu com Irmã Dulce, tendo passado a residir ainda jovem na Mansão do Caminho como figura de referência para jovens órfãos acolhidos pela casa. Um homem simples, de sorriso aberto e olhos miúdos, baixa estatura e coração gigante, conhecido pelas famílias da comunidade por sua disponibilidade em ajudar.

Em algumas atividades, ele me pedia:

— Lari, pode conduzir a atividade, que vou precisar visitar "dona Fulana" que está doente.

"Dona Fulana" era sempre alguém da comunidade sem condições financeiras que encontrava em Tio Edilton a esperança de um atendimento domiciliar. E lá ia ele, pelas ruas do entorno com sua maleta portando o instrumentário necessário, seguindo fielmente os passos do inesquecível médico dos pobres, dr. Adolfo Bezerra de Menezes. Eu observava Tio Edilton como quem busca inspiração em um bom professor, escuta as boas lições, mas tenta mimetizar os exemplos tantas vezes discretos, pensando: "Quero ser assim quando crescer".

Cresci e ainda estou longe de alcançar os passos desse amigo que tanto me ensinou e ainda ensina. Até hoje, seus exemplos são uma das minhas maiores inspirações de simplicidade e de serviço constante no bem. Ele é desses que, ao ler tantos elogios, ficará ruborizado, deixando escapar em um murmúrio tímido:

— Essa Lari... não tem jeito!

—⋅❊⋅❊⋅—

Nas tardes de sábado, após as atividades da Ação Comunitária Lygia Banhos, a maioria dos voluntários permanecia por ali, em reunião, estudo ou apenas conversando até o horário da palestra doutrinária às oito da noite.

Em um desses sábados, Tio Edilton nos convidou – um grupo de jovens que conversava animadamente – para acompanhá-lo até uma palestra em um pequeno centro espírita da redondeza. Aceitamos o convite e seguimos com ele de carro. Sentei-me no lugar do carona, ao lado do motorista, e segurei um livro que seria utilizado por ele no estudo que faria logo mais. Folheei despretensiosamente até escutar:

— Leia esse trecho que está marcado e me diga o que entendeu – disse Tio Edilton.

Li e compartilhei o meu parco entendimento. Ele me fez algumas perguntas, como quem desejasse sondar o alcance da lição, e arrematou:

— Vou te fazer um convite. Quando chegarmos lá, você vai se sentar ao meu lado. Vou começar o estudo e, quando chegar nessa parte da reflexão, vou me sentar e passar a palavra para você, para que faça esse mesmo comentário que acabou de fazer aqui. Pode ser?

Sorri de nervosismo, sentindo aquele frio no estômago enquanto meu corpo se decidia por lutar ou fugir. Percebendo minha possível relutância, ele acrescentou:

— É simples. Você apenas se levanta e fala. Depois, eu continuo o estudo de onde você parar, fique à vontade.

Para outras pessoas, talvez eu tivesse respondido que não, mas ele não era qualquer pessoa, ele era o Tio Edilton. Ele parecia acreditar tanto na minha capacidade de simplesmente me levantar e falar que não tive coragem de dizer não. Aceitei o convite, levantei-me e falei.

Foi um momento especial, que pareceu uma eternidade enquanto acontecia, mas provavelmente tudo aconteceu em dois minutos de relógio. As ideias pareceram se organizar na minha cabeça de uma forma diferente, como se houvesse uma ajuda do invisível. Ficou mais claro do que quando comentei no carro. Saí de lá me sentindo muito bem e, ao mesmo tempo, surpresa pela sensação experimentada.

— Você leva jeito para palestrante, continue estudando! – incentivou Tio Edilton enquanto retornávamos em grupo para a palestra da noite no Centro Espírita Caminho da Redenção.

— ❖❭ ❬❖ —

É fácil admirar a árvore florida e o fruto maduro. Difícil é olhar a semente e enxergar nela o potencial de vir a ser árvore, flor e fruto. Não foi apenas a mim que Tio Edilton deu oportunidade de protagonismo em tarefas na evangelização e na oratória; foram muitos os seus tutelados na minha geração, mas também antes e depois dela. Jovens comuns, sem quaisquer caracteres especiais; pelo contrário, portadores de virtudes e desafios típicos dessa fase da vida. Muitos continuam trabalhando como evangelizadores, palestrantes, coordenadores e médiuns de casas espíritas espalhadas pelo Brasil. Outros não seguiram em atividades do movimento espírita, mas frutificaram na sociedade como homens e mulheres de bem que fazem a diferença nos âmbitos profissional e familiar. Há também aqueles que, apesar de todo o investimento e a fé ali depositados, não têm ainda condições de gerar bons frutos nessa oportunidade e precisam de mais tempo.

Nem sempre os trabalhadores mais experientes são portadores da liderança de Paulo, e não é todo dia que encontramos almas nobres como os jovens Timóteo e Tito. Ainda assim, há muito trabalho a ser realizado a partir dessa cooperação entre os servidores do ontem e os do amanhã. Na maior parte dos casos, somos os servidores ainda imperfeitos, carregados do trigo das boas intenções, mas também do joio das próprias paixões. Vez ou outra, as imperfeições de ambos hão de se entrechocar, como é natural entre espíritos dessa ordem. Nessas ocasiões, a tentação é a de separar-se, fugir, abandonar o serviço. O convite a todos os trabalhadores, de quaisquer gerações, é o da paciência. Paciência com aqueles que chegam ainda verdes, desejando transformar tudo sem conhecer a trajetória e os desafios percorridos. Paciência com aqueles que já amadureceram na matéria, mas não necessariamente têm a alma madura para o progresso.

A árvore que cresce rumo ao alto, com seus galhos e folhas renovados, não pode prescindir das suas raízes antigas e vergastadas pelo tempo. Todos os elementos são necessários para o seu papel de anciã na trama da natureza. Assim, também as diferentes gerações têm uma tarefa fundamental no trabalho de implantação do bem na Terra.

Paulo teve fé na juventude de Timóteo e Tito. E eles foram fiéis ao companheiro mais experiente na tarefa. Todos arriscaram algo, nenhum deles tinha garantia de nada, nem ao menos de sobreviver às pregações. Entregaram-se de corpo e alma e fortaleceram uns aos outros.

Nilson e Divaldo tiveram fé na juventude de Edilton; este, por sua vez, correspondeu ao investimento e há décadas trabalha fielmente para o bem. Graças à fé de tio Edilton, a jovem Larissa se levantou, falou e agora escreve. Se a expectativa fosse a de uma jovem pronta para o trabalho, advinda de um planeta mais evoluído, sem arestas a lapidar, possivelmente eu me encontraria por longo tempo apenas estudando, sem acreditar na minha própria capacidade de também compartilhar o meu aprendizado.

Fé nos que chegam para dar o próprio contributo, ainda verdes, inexperientes e imperfeitos. Fé nos que vieram antes e já conhecem a trilha que ora começamos a percorrer. Paciência para todos. Estamos distantes da grandiosidade de Paulo, Timóteo e Tito, mas fazemos parte da mesma seara: a do Cristo Jesus.

Minha gratidão aos trabalhadores da primeira hora, que sedimentaram com suor e lágrimas a estrada pela qual hoje caminho na divulgação do Evangelho. Especialmente àqueles que acreditaram no meu potencial de frutificação quando eu mesma só via simples e imperfeita semente.

A árvore que cresce rumo ao alto, com seus galhos e folhas renovados, não pode prescindir das suas raízes antigas e vergastadas pelo tempo. Todos os elementos são necessários para o seu papel de anciã na trama da natureza. Assim, também as diferentes gerações têm uma tarefa fundamental no trabalho de implantação do bem na Terra.

capítulo 14

Tá com medo de cair?

O Senhor é a minha luz e a minha salvação; de quem terei temor? O Senhor é o meu forte refúgio; de quem terei medo?
— Salmos, 27:1

HÁ UMA CENA DA MINHA INFÂNCIA QUE aparece de forma turva na memória, mas que sempre utilizei para justificar meu medo de altura. No registro mnemônico, era noite e eu estava ao lado dos meus pais, atravessando uma passarela localizada no Bairro do Iguatemi, quando um rapaz tentou puxar o relógio do pulso do meu pai, fazendo com que ele soltasse abruptamente a minha mão. Não me recordo claramente do que aconteceu em seguida, mas, nos pedaços de cena que guardei, me vejo tentando ir ao encontro do meu pai quando um esbarrão me fez cair no chão, perto do corrimão da passarela. Tudo deve ter acontecido muito rapidamente e o desfecho foi aparentemente simples. Meu pai ficou sem o relógio, mas todos ficamos bem.

Ocorre que naqueles segundos em que fiquei caída na passarela, antes que minha mãe pudesse me carregar, tive a sensação de que cairia lá de cima e fui tomada de um medo intenso que ainda hoje me visita quando me aproximo de certa altura.

Durante a faculdade, precisei retornar muitas vezes àquela mesma passarela para transitar entre a estação de ônibus e o endereço da universidade. Em todas as ocasiões, senti muito medo, e, como precisasse conviver com essa emoção, adotei uma estratégia. Aproveitava o fluxo intenso de estudantes e trabalhadores para caminhar sempre entre uma pessoa e outra, jamais pelas laterais. Ainda que alguém parasse na minha frente, eu aguardava que essa pessoa optasse pela direita ou esquerda, mas jamais adotava tal iniciativa.

Certo dia, já aos 18 anos, precisei atravessar uma outra passarela, vizinha a essa minha conhecida, para chegar ao DETRAN-BA.[41] A passarela ficava bem em frente ao DETRAN, e eu precisava levar alguns documentos ali para solicitar a minha primeira habilitação. Quando comecei a subir as escadas dessa passarela, um calafrio percorreu todo o meu corpo, como se me informasse da visita arbitraria do medo. Não havia ninguém nela. Pelo menos, ninguém reencarnado como eu. Como utilizaria a estratégia que me salvava diariamente? Esperei por alguns minutos, na esperança de que um desconhecido qualquer aparecesse, e me preparei para pedir ajuda. Falaria abertamente do meu medo e perguntaria da

---

41. Departamento Estadual de Trânsito da Bahia.

possibilidade de uma gentileza, a de me acompanhar até o outro lado. Meu orgulho em pedir ajuda nunca foi maior que meu medo.

    Passados mais alguns minutos, não aparecia ninguém para atravessar comigo. Outros compromissos me aguardavam, e eu precisava seguir sozinha. Pedi ajuda a Deus, mas mal conseguia elevar os meus pensamentos; a mente, obnubilada pelo pavor, fazia meu corpo tremer a cada passo. Quando cheguei ao meio da passarela, um vento pareceu me empurrar lá de cima, minhas pernas falharam e me abaixei, tal qual criança amedrontada. Minha cabeça, sempre tão racional, tentava acalmar meu corpo, sem êxito. Um pensamento invasivo parecia zombar da minha situação, em tom de deboche:

    — Tá com medo de cair? Não é você que é cheia de fé? Cadê quem te ajuda? Está sozinha...

    Não sei dizer por quantos minutos permaneci ali abaixada com as mãos no chão e o corpo tremendo. Lembrei-me de respirar e comecei a repetir o Pai Nosso enquanto me levantava vagarosamente, escolhia um ponto fixo à minha frente e caminhava em um duelo interno entre o medo e a coragem. Chegando ao meu destino, tive uma crise de choro que liberou toda aquela tensão armazenada durante a experiência. Não compartilhei com ninguém o que havia acontecido.

    No domingo pela manhã, como de costume, haveria a reunião mediúnica que acontecia antes da JENA, com a participação de evangelizadores, coordenadores e alguns jovens com a devida autorização. Eu participava da sustentação fluídica, mantendo a prece e a disciplina do pensamento durante os sessenta minutos de reunião. Uma das comunicações daquela manhã, todavia, captou completamente a minha atenção.

Parecia tratar-se de um Espírito de categoria inferior, que havia algum tempo retornara à vida espiritual e passava o seu tempo unido a um grupo de desencarnados que se comprazia em zombar e amedrontar os reencarnados que encontrassem pelo caminho. Em dado momento, por meio do médium, escutei as seguintes palavras, acompanhadas de uma gargalhada debochada:

— Vocês precisavam ver a cara de desespero dela! Achou que ia cair mesmo... Ficou lá, abaixada, tentando rezar sem conseguir!

O mesmo arrepio de medo percorreu novamente o meu corpo enquanto eu me dava conta dos bastidores daquele dia em que fui tomada pelo medo. Enquanto o dialogador conversava com aquele Espírito, sem cogitar o que realmente havia ocorrido, mas muito inspirado na forma como conduziu as palavras, eu buscava, agora em segurança e fortalecida, aprender com a experiência e desvencilhar-me dos grilhões que poderiam ainda me conectar à semelhante situação.

Em resumo: aquele grupo nunca havia me visto anteriormente. Apenas estabeleceu uma conexão e uma influência sobre mim a partir do baixo padrão vibratório estabelecido pelo meu medo. O medo era meu, mas foi insuflado pelas sugestões daqueles espíritos.

Na parte segunda de *O livro dos Espíritos*, que trata exatamente da influência oculta dos Espíritos em nossos pensamentos e atos, consta a seguinte questão:

466. Por que permite Deus que Espíritos nos excitem ao mal?

"Os Espíritos imperfeitos são instrumentos próprios a pôr em prova a fé e a constância dos homens na prática do bem. Como Espírito que és, tens que progredir na ciência do infinito. Daí o passares pelas provas do mal, para chegares ao bem. A nossa missão consiste em te colocarmos no bom caminho. Desde que sobre ti atuam influências más, é que as atrais, desejando o mal; porquanto os Espíritos inferiores correm a te auxiliar no mal, logo que desejes praticá-lo. Só quando queiras o mal podem eles ajudar-te para a prática do mal. Se fores propenso ao assassínio, terás em torno de ti uma nuvem de Espíritos a te alimentarem no íntimo esse pendor. Mas outros também te cercarão, esforçando-se por te influenciarem para o bem, o que restabelece o equilíbrio da balança e te deixa senhor dos teus atos."[42]

Aquela experiência me deixou mais atenta à necessidade de vigilância dos meus pensamentos e à vulnerabilidade da minha fé diante dos meus medos. Era fácil manter o pensamento elevado no ambiente da reunião mediúnica, mas tinha sido quase impossível pronunciar uma prece em meio ao estresse vivido na travessia da passarela. Decerto, os Espíritos que me protegem estavam próximos a mim naquela ocasião, mas como estabelecer a sintonia necessária ao auxílio quando o

---

42. Allan Kardec. *O livro dos Espíritos*. Trad. Guillon Ribeiro. 93. ed. Brasilia: Feb, 2019. [item 466]

pavor toma conta? Entendi naquela oportunidade que sintonia também é treino. Assim como um atleta precisa treinar a concentração e os músculos diariamente para conseguir um bom desempenho no esporte durante uma competição, sem deixar que o estresse paralise seus esforços, eu também precisaria treinar a sintonia dos meus pensamentos e sentimentos cotidianamente para não ser pega de surpresa novamente por influências indesejadas.

— ❧ ❦ —

Alguns meses após aquele episódio de pânico, uma outra experiência envolvendo medo teve lugar. Era um domingo à tarde e eu estava no bairro de Ondina, acompanhando minha amiga Lara que visitava uma conhecida dela. Após a visita, seguimos para o ponto de ônibus e aguardamos pacientemente o coletivo que nos levaria para casa. Assim que subimos os degraus do veículo e passamos pela catraca, uma mão masculina tocou a minha de forma maliciosa, fazendo com que um arrepio de medo percorresse em milésimos de segundos todo o meu corpo. Uma sugestão muito rápida se apresentou na minha mente, preparando-me para o que viria a seguir:

— Assalto no ônibus! Mantenha-se em prece.

Sentamo-nos na parte da frente do ônibus, que estava cheio de passageiros, especialmente turistas. Lara se sentou na cadeira atrás da minha, pois não havia dois lugares juntos disponíveis. Virei para ela e só tive tempo de dizer:

— Reze!

Antes que Lara pudesse compreender a minha fala, três homens se levantaram para anunciar o assalto. Aquele que havia tocado a minha mão poucos minutos antes era o portador das ameaças, e caminhava freneticamente pelo corredor do coletivo com uma arma em punho. Parecia completamente fora de si pelo uso de alguma substância psicoativa. O segundo homem estivera sentado exatamente na minha frente e agora segurava uma arma na direção do motorista, obrigando-o a não parar nos pontos seguintes. O terceiro estivera sentado na cadeira paralela à minha, e estivemos separados apenas pelo espaço do corredor.

Era a minha primeira experiência de assalto após aquela da infância, ao lado dos meus pais. Apesar do medo que percorria meu corpo, liberando toda a bioquímica necessária para aumentar as chances de sobrevivência em casos de perigo de vida, eu me senti relativamente calma pela sensação de proteção espiritual experimentada. Apenas abri bolsa que estava no meu colo para facilitar o recolhimento dos meus pertences e deixei o celular bem visível na palma da minha mão, pois era o objeto de maior valor material que carregava. A moça ao meu lado tentava esconder embaixo de si mesma os objetos de valor que levava consigo. Outra mais à frente se comunicava comigo pelos olhos, tentando me dizer para guardar meu celular enquanto eles estavam distraídos com os demais passageiros.

Com a bolsa aberta no colo e o celular na palma da mão esquerda, fechei os olhos e me mantive em oração, repetindo mentalmente alguns trechos do salmo que lia todas as manhãs e que a seguir transcrevo na íntegra:

O Senhor é a minha luz e a minha salvação; de quem terei temor? O Senhor é o meu forte refúgio; de quem terei medo?

Quando homens maus avançarem contra mim para destruir-me, eles, meus inimigos e meus adversários, é que tropeçarão e cairão.

Ainda que um exército se acampe contra mim, meu coração não temerá; ainda que se declare guerra contra mim, mesmo assim estarei confiante.

Uma coisa pedi ao Senhor, é o que procuro: que eu possa viver na casa do Senhor todos os dias da minha vida, para contemplar a bondade do Senhor e buscar sua orientação no seu templo.

Pois no dia da adversidade ele me guardará protegido em sua habitação; no seu tabernáculo me esconderá e me porá em segurança sobre um rochedo.

Então triunfarei sobre os inimigos que me cercam. Em seu tabernáculo oferecerei sacrifícios com aclamações; cantarei e louvarei ao Senhor.

Ouve a minha voz quando clamo, ó Senhor; tem misericórdia de mim e responde-me.

A teu respeito diz o meu coração: "Busque a minha face!" A tua face, Senhor, buscarei.

Não escondas de mim a tua face, não rejeites com ira o teu servo; tu tens sido o meu ajudador. Não me desampares nem me abandones, ó Deus, meu salvador!

Ainda que me abandonem pai e mãe, o Senhor me acolherá.

Ensina-me o teu caminho, Senhor; conduze-me por uma vereda segura por causa dos meus inimigos.

> Não me entregues ao capricho dos meus adversários, pois testemunhas falsas se levantam contra mim, respirando violência.
>
> Apesar disso, esta certeza eu tenho: viverei até ver a bondade do Senhor na terra.
>
> Espere no Senhor. Seja forte! Coragem! Espere no Senhor. (*Salmos*, 27)

Em dado momento, vi o braço de um dos homens passar bem na minha frente e encostar na minha bolsa. Abri os olhos, achando que era a minha vez de entregar tudo o que tinha. Mas fui surpreendida pelo que sucedeu então. O homem obrigou a moça ao meu lado a se levantar para entregar o que havia escondido, mas não pegou nada do que estava comigo. Nem mesmo o celular, que era um modelo novo naquela época. Continuou recolhendo os pertences dos passageiros de forma agressiva e chegou a agredir um senhor que se negou a entregar uma câmera fotográfica. Os três já estavam prestes a descer do ônibus quando Lara colocou a mão esquerda sobre o meu ombro e um deles veio em nossa direção. Imaginei que pegariam as minhas coisas, mas foi o relógio no pulso de Lara que ele avistou, sem conferir nada do que estava no meu colo.

Libertos do grupo de assaltantes, entre choro de desespero, alívio e comemoração pela integridade física de todos, uma das passageiras me perguntou:

— Por que eles não pegaram nada seu?

— Não faço a menor ideia! – respondi com um misto de vergonha e surpresa ao perceber que tinha sido a única passageira cujos pertences não haviam sido levados.

— Parecia que você estava invisível para eles – disse a moça ao meu lado, que havia presenciado o braço do homem passar pelo meu celular sem pegá-lo.

Não contei os bastidores daquela situação para os passageiros do ônibus, apenas para Lara, com a qual pude compartilhar os detalhes aqui também relatados.

Em nenhum daqueles minutos de assalto eu tinha deixado de sentir medo. Senti muito medo. Não sabia o que poderia acontecer e não havia nenhuma garantia sobre o final da história. A diferença entre a minha postura na travessia da passarela e aquela no assalto ao ônibus não estava no medo. Estava no que fiz, apesar do medo.

O treino mental que passei a fazer após perceber a minha vulnerabilidade diante da interferência espiritual me ajudou a manter um padrão de pensamentos e sentimentos em uma frequência superior, mesmo diante do medo. Imagine que você esteja em uma sala barulhenta, com pessoas falando ao mesmo tempo, e precise se concentrar para escrever um texto. Então, você decide colocar fones de ouvido e escutar uma música instrumental agradável para facilitar a própria concentração. Algumas pessoas têm mais facilidade do que outras para lidar com um cenário como esse. De todo modo, é possível treinar a habilidade de estar no caos sem ser tomado por ele, no que se refere a pensamentos e emoções.

Esse treino da mente ao silêncio e à quietude interiores não acontece no momento do caos, mas no cotidiano, sem depender de um mundo externo calmo. Ampliar o repertório de mantras, orações e frases de ancoramento ajudam o cérebro a encontrar segurança em si mesmo. É fácil? Não, não é fácil. Especialmente porque é a contramão do estilo de vida da atualidade. Mas é possível. De minha parte, sigo com alguns medos, alguma coragem, uma pitada de fé e treinos de sintonia com o alto. Nem sempre consigo manter a calma interior em meio ao caos, mas sigo tentando.

Sintonia também é treino. Assim como um atleta precisa treinar a concentração e os músculos diariamente para conseguir um bom desempenho, eu preciso treinar a sintonia dos meus pensamentos e sentimentos cotidianamente para não ser pega de surpresa por influências indesejadas.

ced 15

Compra uma bala para me ajudar?

Para que a fé que vocês têm não se baseasse na sabedoria humana, mas no poder de Deus.

1 Coríntios, 2:5

CERTA OCASIÃO, EM UMA PALESTRA ABERta para perguntas e respostas no Centro Espírita Caminho da Redenção, em uma noite de quinta-feira, a seguinte pergunta foi endereçada a Divaldo Franco:

— Em uma cidade como Salvador, na qual em quase todos os sinais de trânsito encontramos crianças pedindo esmolas, e sabendo que esse dinheiro muitas vezes vai para as drogas, devemos adotar como norma de conduta ajudar sempre com o que tivermos ou é melhor ofertar apenas lanches, para não estimularmos o vício?

A resposta do notável médium naquela oportunidade me pareceu muito sábia. Divaldo não atendeu a nenhum dos dois extremos. Disse que dependeria da situação e que seria importante exercitar o contato com a própria intuição. A opção de nunca ofertar dinheiro pode evitar o vício em drogas, mas há também aqueles que realmente precisam do valor e que seriam injustiçados. Antes de o cérebro cogitar as questões mais racionais e os seus julgamentos humanos, qual seria a voz da intuição?

A razão é uma aquisição valiosa da humanidade, fruto de milênios de evolução. Todavia é também uma aquisição nova e que pode nos conduzir ao labirinto do interesse pessoal. Somos capazes de criar os mais sofisticados raciocínios para justificar o injustificável.

A parte do cérebro responsável por esse pensamento mais racional e ponderado, localizada no córtex pré-frontal, é também a região mais jovem do cérebro no processo evolutivo. Em muitas situações que envolvem risco de vida, a nossa amígdala cerebral, que funciona tal qual um sensor de incêndio que detecta o perigo, informa às áreas mais primitivas do cérebro que elas precisam assumir o controle.

Diante de uma cobra que aparece repentinamente durante a caminhada no parque, primeiro o nosso corpo vai agir, guiado por essas estruturas mais basais e primitivas, para depois o cérebro racional entender o que realmente aconteceu. Se dependêssemos apenas do cérebro racional, não sobreviveríamos a muitas circunstâncias nas quais não há tempo para pensar racionalmente. É o cérebro ancião que nos salva.

Ocorre que, para além das regiões mais primitivas do nosso cérebro, também conhecidas como cérebro instintivo ou reptiliano, temos a possibilidade de obter respostas rápidas, seguras e não racionais quando treinamos o acesso *à nossa intuição*. Estou falando agora de estruturas que a neurociência ainda não consegue localizar no cérebro material, posto que não provêm da massa encefálica, mas agem sobre seu aparato.

Refiro-me ao que Léon Denis chamou de sentido íntimo, "um sentido espiritual por meio do qual certos homens penetram desde já no domínio do invisível".[43] Denis defende em seus escritos sobre o tema que o desenvolvimento da percepção humana, de modo geral, está vinculado ao despertar desse sentido íntimo, já que a criatura humana é um ser espiritual em uma experiência material.

Como Espíritos que somos, podemos acessar, por meio do sentido espiritual, revelações da nossa própria consciência profunda, o que o autor chama de intuição. Como também podemos obter o auxílio dos habitantes do mundo invisível com seus conselhos e orientações, a inspiração.

Para que isso seja possível, faz-se necessário o cultivo cotidiano dos bons pensamentos e sentimentos. O ser humano que vive como se fosse apenas matéria, imerso nas questões horizontais, sem acessar a própria transcendência, tem mais dificuldade em experimentar na prática a verdade contida nas palavras de Léon Denis. Está sempre se debatendo entre os raciocínios de ordem prática, circunscritos ao limite dos olhos físicos, sem suspeitar quão longe está do horizonte das possibilidades divinas.

---

43. Léon Denis. *O problema do ser, do destino e da dor*. 27. ed. Rio de Janeiro: FEB, 2004. [p. 324]

Ensina ainda o apóstolo do espiritismo:

Em vez de convidar por meio da evocação os Espíritos celestes a descerem para nós, aprenderemos assim a desprender-nos e subir para eles.[44]

— ⋅⋙ ⋘⋅ —

Entrei no restaurante apressada como de costume, passando apenas para cumprimentar minha mãe e meu padrasto antes de seguir para os compromissos da faculdade. O ano era 2008 e minha rotina seguia intensa entre as atividades do centro espírita e as da faculdade de psicologia. Enquanto aguardava minha mãe trazer um lanche, sempre preocupada com a minha alimentação, fui abordada por um rapaz alto e magro com uma caixa de doces na mão.

— A senhora compra uma bala para me ajudar?

A localidade em que minha mãe e meu padrasto tinham um restaurante naquela época era o bairro do Campo Grande, local histórico da cidade de Salvador e repleto de contrastes sociais. O restaurante ficava em uma esquina e recebia a visita diária de crianças e adolescentes em situação de rua que pediam auxílio aos transeuntes. Era sempre angustiante ficar ali. Compreendia a posição do meu padrasto como microempresário que trabalhava de domingo a domingo e não

---

44. *Ibidem.* [p. 341]

tinha como atender aquela demanda. Por outro lado, eu achava difícil dizer "não" de forma automática e seguir como se nada tivesse acontecido.

— Qual é o seu nome? – foi o que perguntei enquanto pensava se compraria ou não a bala.

— Meu nome é Sulivan. Faz tempo que ninguém pergunta isso – ele respondeu, olhando para o chão.

Enquanto retirava uma nota de cinco reais do bolso, uma sensação de genuíno interesse pela história daquele rapaz me acometeu de pronto. Quando vi, já estava perguntando:

— Qual é a sua história, Sulivan?

Só então ele levantou os olhos na minha direção e respondeu:

— Sou de Feira de Santana. Estou aqui há algumas semanas. Vim tentar um trabalho para mandar dinheiro para a minha mulher e meus filhos. Quando desci na rodoviária, fui assaltado e levaram tudo. Até meu tênis e meus documentos. Estou na rua desde esse dia. Para tirar os documentos, tenho que ir de sapato fechado. Um moço prometeu me conseguir um, mas até agora não deu. E tô vendendo essas balas pra comprar minha passagem de volta para Feira. Não quero mais nada aqui, não... – concluiu.

Uma parte mais racional do meu cérebro disse que poderia ser tudo uma grande mentira. Naquela época, eu já tinha escutado muitas histórias tristes que nem sempre se confirmavam depois. Mas meu coração insistiu que aquela era verdade. Em milésimos de segundos, um plano brotou na minha mente.

— Sulivan, quanto você calça?

— Calço 41/42.

— Então, vamos combinar o seguinte: amanhã você volta aqui, nesse mesmo horário, e vou te entregar um tênis, ok? – propus.

— Ah! Mas vai me ajudar muito. Pode deixar que amanhã mesmo eu volto aqui, sem falta – ele respondeu.

Despedimo-nos e ele seguiu. Lembrei-me de que, coincidentemente, meu irmão havia separado um tênis tamanho 41/42 para doação, para o bazar do centro espírita, e que estava no meu quarto. Ocorre que o tênis era apenas um pretexto para fazê-lo voltar, sem criar expectativas. O objetivo mesmo era levá-lo até a rodoviária e comprar uma passagem para Feira de Santana. Mas quem entraria nessa comigo?

Minha mãe e meu padrasto não pareceram nada favoráveis, na verdade ficaram preocupados com a ideia. E se fosse mentira? E se ele fosse alguém perigoso? Como colocar um estranho no carro assim? Eu também carregava minhas próprias cogitações e por isso anunciei apenas o tênis, para sentir como ele chegaria no dia seguinte.

Lembrei-me de um rapaz que frequentava havia poucos meses as atividades da Mansão do Caminho e que se mostrava sempre muito prestativo para com todos. Já havia me dado carona algumas vezes, assim como para tantas outras pessoas que moravam longe da instituição. Apesar de não o conhecer tão bem, pensei que talvez aceitasse me ajudar.

Liguei para ele naquela mesma noite e expliquei toda a situação. A princípio, recebeu a ideia com as mesmas apreensões que eu já havia escutado e se mostrou descrente do enredo narrado pelo jovem vendedor de balas. Eu já estava desistindo da tentativa quando ele propôs:

— Olha, vamos fazer o seguinte: amanhã, nesse horário, vou até o restaurante com você e converso com ele para sentir a situação. Depois, avaliamos o que fazer na sequência. Pode ser?

Assim fizemos. Levei o tênis conforme o combinado e, no horário aprazado, lá estávamos, em frente ao restaurante: Sulivan, Ricardo e eu. Sentamo-nos por alguns instantes para que Ricardo sondasse as próprias impressões sobre o jovem e, após alguns minutos de conversa, foi ele mesmo quem anunciou a proposta:

— Sulivan, então o seu desejo é voltar o quanto antes para Feira de Santana, é isso mesmo?

— Sim. É tudo o que eu quero agora – respondeu ele.

— Então, eu vou te fazer uma proposta que é pegar ou largar. Você vem comigo agora para a rodoviária e eu compro uma passagem para você voltar para Feira de Santana. Mas tem que ser agora. Topa? – perguntou Ricardo, em tom de ultimato.

— Agora! Claro! Eu nem acredito nisso! Você está falando sério? – indagou Sulivan com a voz embargada pela emoção inesperada.

Meu coração saltava dentro do peito, sem acreditar que o plano estava dando certo. Entramos no carro de Ricardo e seguimos por vinte e cinco minutos até a rodoviária, onde compramos a passagem com destino a Feira de Santana. Recordo com vivacidade cada detalhe daquele momento. A emoção de Sulivan ao me agradecer por acreditar nele. Sua alegria ao caminhar na direção do ônibus e ao abrir a janela para dar um último adeus antes da partida. Impossível esquecer. A passagem comprada foi a parte mais fácil da história, o difícil foi acreditar. Ter fé em um desconhecido que vendia balas. E se fosse mentira? E se fosse verdade?

Nesse instante em que escrevo sobre essa experiência, comento com meu esposo, sentado no sofá à minha frente:

— Aquela história do Sulivan nem parece que foi real, né? Se você não estivesse lá comigo eu acharia que tinha sido um sonho...

E rimos juntos. Lembrando daquele dia em que Sulivan, sem jamais imaginar, uniu-nos e nos mostrou quanta coisa boa poderíamos fazer juntos em benefício do próximo.

Como Espíritos que somos, podemos acessar, por meio do sentido espiritual, revelações da nossa própria consciência profunda, a intuição. Como também podemos obter o auxílio dos habitantes do mundo invisível com seus conselhos e orientações, a inspiração. Para que isso seja possível, faz-se necessário o cultivo cotidiano dos bons pensamentos e sentimentos.

parte

4

Nova subida

capítulo 16
Recalculando a rota

Muitos são os planos no coração do homem, mas o que prevalece é o propósito do Senhor.
— *Provérbios, 19:21*

Como a maioria das crianças da minha geração, cresci assistindo filmes da Disney nos quais as princesas encontravam um príncipe encantado que as salvava dos perigos e com o qual viviam felizes para sempre. Apesar de adorar tais narrativas, minha perspectiva sobre o assunto sempre foi bastante pessimista. As histórias reais que acompanhei ao longo dos anos na minha própria família estavam bem distantes dos contos e fada ou dos finais felizes. Cresci escutando a história da minha bisavó materna que, como tantas mulheres de sua época, testemunhou sucessivas infidelidades do esposo e permaneceu casada, tendo inclusive criado um filho de uma das relações extraconjugais. Minha bisavó era vista pela família como um grande exemplo de amorosidade e abnegação por ter perdoado todos os erros do meu bisavô e permanecido com ele até o final.

Eu sentia mais compaixão do que admiração pela minha bisavó. Quando a conheci, ela já era viúva e tinha a memória deteriorada pela demência. Observava aquela mulher tão frágil e pensava sobre o preço que foi pago por ela para manter a família aparentemente unida. Por mais que desejasse me colocar no lugar dela, não fazia ideia do que deveria ter sido realmente essa experiência naquela época e naquele contexto. Que outras opções, além de permanecer e suportar, ela teria tido?

Minha avó Elisinha, por sua vez, ao descobrir uma traição do seu esposo, escolheu fazer diferente da mãe e prosseguir sozinha. A história que cresci escutando sobre a minha avó não tinha a mesma admiração que aquela contada sobre a minha bisavó. Minha avó era vista por muitos como rancorosa por não ter perdoado o meu avô. Quando nasci, a separação de corpos já havia acontecido e meu avô havia constituído outra família. Observava aquela mulher, sentada dia e noite na frente de uma máquina de costura, e admirava sua força e sua coragem. Que desafios ela teria vivido para dar aquele passo naquela época e naquele contexto?

Ao observar os demais casamentos ao meu redor, sentia o peso experimentado na convivência com pessoas tão diferentes. Parecia-me algo árduo e cansativo. Seria esse o preço a ser pago para se ter uma família? Onde estariam as almas gêmeas tão comentadas pelo senso comum? Haveria casais que, após anos de convivência, ainda sentiam prazer na presença do outro?

Em *O livro dos Espíritos* há uma questão relativa à essa ideia amplamente difundida sobre almas gêmeas ou metades eternas que diz o seguinte:

298. As almas que devam unir-se estão, desde suas origens, predestinadas a essa união e cada um de nós tem, nalguma parte do universo, sua metade, a que fatalmente um dia reunirá?

"Não; não há união particular e fatal de duas almas. A união que há é a de todos os Espíritos, mas em graus diversos, segundo a categoria que ocupam, isto é, segundo a perfeição que tenham adquirido. Quanto mais perfeitos, tanto mais unidos. Da discórdia nascem todos os males dos humanos; da concórdia resulta a completa felicidade."[45]

Se por um lado não existem Espíritos que sejam a nossa metade, dos quais dependamos para nos sentirmos inteiros, por outro, fica claro nas questões seguintes que existe maior afinidade ou simpatia entre determinados Espíritos, conforme a igualdade dos graus de elevação.[46]

Em um planeta cujos habitantes, em sua maioria, encontram-se na categoria de Espíritos imperfeitos, e tendo o mal prevalência sobre o bem, será, portanto, esperado que nas uniões terrenas o mar de rosas esteja entremeado por muitos espinhos. Ainda que uma união

---

45. Allan Kardec. *O livro dos Espíritos*. Trad. Guillon Ribeiro. 93. ed. Brasília: FEB, 2019. [item 298]
46. *Ibidem*. [item 302]

tenha sido programada antes do nascimento e haja afeto entre dois seres, os desafios de convivência demarcam uma parte expressiva da relação.

— ⋅❖⋅ ⋅❖⋅ —

Desde a infância, vibrava em meu coração um chamado para a religiosidade como uma parte central da vida. Esse chamado me levou a visitar diferentes caminhos da experiência religiosa até que pudesse encontrar o meu, conforme já relatei nesta obra. O encontro com a doutrina espírita marcou um antes e um depois na minha presente caminhada. E sei que tal afirmação pode soar exagerada ao leitor, visto que contava apenas 14 anos quando conheci o espiritismo, mas, acredite, eu sei bem do que estou falando.

A doutrina espírita e tudo o que pude experimentar na Juventude Espírita Nina Arueira até os 21 anos foram um bálsamo de alívio e um farol de direcionamento à minha alma, que caminhava desde a infância em um estado interno de angústia e melancolia.

Muito se fala das grandes mudanças promovidas pela fé; das pessoas que tinham uma vida totalmente voltada ao mundo material e transformaram-se da água para o vinho, ou do vinho para a água. Sempre gostei de ler biografias de grandes homens e mulheres que realizaram algo importante durante a breve passagem pela Terra, com seus gestos, discursos e legados. Mas reconheço que outras revoluções também acontecem de forma mais silenciosa, no recôndito do próprio ser, sem que as pessoas ao redor cogitem o antes e o depois.

Meus pais, irmãos e amigos nunca tiveram notícias do que eu vivi internamente, dos meus dramas silenciosos, difíceis de nomear. Algumas vezes, alguém me encontrava chorosa no quarto e perguntava o que havia acontecido. Nem sempre havia algo objetivo a ser relatado, mas como explicar aquilo que nem mesmo entendemos, apenas sentimos?

A minhas vivências e os meus estudos na Mansão do Caminho modificaram de tal forma esse panorama que meu desejo íntimo era o de nunca sair de lá. E eu não era a única que sentia isso. Recorrentes foram as ocasiões em que, estudando um livro em frente ao laguinho da instituição, ao lado do meu amigo Lucas Ramos, confidenciávamos o desejo de ter uma vida completamente dedicada à casa. E naquele cenário bucólico, em que a paz reinava perene, fazíamos planos a respeito de um futuro no qual, caso não fôssemos aceitos como moradores, construiríamos um condomínio em bairro próximo, em que morariam apenas amigos e trabalhadores como nós mesmos. E ríamos dos nossos sonhos, e pensávamos se mais alguém entenderia a seriedade do que falávamos ali, tendo os peixes e as aves como testemunhas.

A Mansão do Caminho tem uma ligação espiritual profunda com Francisco de Assis e, a partir dessa influência, comecei a ler biografias do doce *poverello*.[47] Tais leituras chegaram ao meu coração de forma abrasadora, alimentando a chama que me fazia desejar uma

---

47. Palavra italiana que significa "pobrezinho".

vida completamente dedicada ao próximo e à simplicidade. Foi entre lágrimas que li as páginas de Inácio Larrañaga[48] e de Tomás de Celano,[49] enquanto me imaginava caminhando entre os franciscanos e vivendo o ideal cristão na sua versão mais primitiva e pura, conforme o fez o irmão da pobreza.

Em algumas atividades de assistência à comunidade, ou quando caminhávamos por entre as vielas de Pau da Lima para o trabalho de sindicância,[50] buscando as famílias assistidas pela creche A Manjedoura, eu me sentia parte daquilo que se tornara meu propósito de vida. Não havia mais angústia ou conflito interior, tudo parecia estar no seu devido lugar, exatamente como deveria ser. Tudo o que eu desejava era prosseguir naquela senda pelo tempo que me fosse permitido. Mas os desígnios de Deus não cansam de nos surpreender.

Aos 19 anos, já no segundo ano da faculdade de psicologia, havia tido alguns namoros, mas intimamente sentia que seria mais fácil seguir com os meus planos se não formasse uma família ou tivesse filhos. Os relacionamentos que eu observava ao meu redor, como aqueles que tinha vivido, demandavam tanta energia e atenção

---

48. Inácio Larrañaga. *O irmão de Assis.* 20. ed. São Paulo: Paulinas, 2012.

49. Tomás de Celano. *Vida de São Francisco de Assis.* Petrópolis: Vozes, 2021.

50. O trabalho de sindicância consistia em visitar as famílias cadastradas para uma vaga na creche e verificar as condições de moradia, de modo a atender as famílias mais vulneráveis.

que me pareciam incompatíveis com os meus anseios íntimos. Não era um problema estar no mundo material e conciliar as atividades religiosas com a vida comum, entretanto, o setor relacionamento amoroso parecia mais desgastante, especialmente quando terminava. Não seria mais produtivo focar o que realmente me interessava e prosseguir livre, ao lado apenas dos amigos?

Alguns anos antes, mal tendo chegado ao movimento espírita, três falas de Espíritos diferentes por um mesmo médium pareciam contradizer a minha perspectiva sobre as coisas. As três comunicações ocorreram em dias distintos na casa do babalorixá da minha mãe. Eu estava com aproximadamente 15 anos quando escutei uma entidade dizer à minha mãe:

— A sua filha vai realizar um sonho antigo seu. Você queria que um de seus filhos vestisse farda, não é? Nenhum dos dois gosta disso, mas vai chegar um "perna de calça"[51] pelas águas e vai se unir à sua filha. Você vai ficar muito feliz, será um reencontro de almas.

Na ocasião, apenas escutei aquelas palavras sem acreditar muito nelas. Apesar do meu respeito àquela entidade comunicante, sempre me mantive mais cética no que tange aos anúncios sobre acontecimentos futuros.

---

51. Termo utilizado por essa entidade espiritual para referir-se a homens.

No ano seguinte, estava iniciando um namoro e fui convidada a conduzir um estudo de *O Evangelho segundo o espiritismo* para frequentadores da casa daquele mesmo babalorixá. Ao final da reunião, ao me despedir, uma outra entidade me disse as seguintes palavras:

— Minha filha, não tenha medo de viver um relacionamento. Mas saiba que daqui a algum tempo vai chegar a pessoa certa para você.

Nada respondi. Apenas escutei. Perguntei-me intimamente se acreditava nessa história de "pessoa certa". As pessoas cujas biografias me parecem admiráveis, quase sempre caminharam sem um relacionamento, e, nos casos em que uma família foi formada, houve um grande conflito na conciliação de papéis, funções e objetivos. Enquanto algumas amigas mais românticas falavam sobre o sonho de uma família no futuro, eu sempre me imaginava entre amigos, trabalhando naquilo em que acreditava e sendo livre para seguir por onde meu coração me guiasse.

Após o final de um relacionamento de dois anos, com o abatimento natural da circunstância, senti-me ainda mais convicta de que seria melhor focar os outros setores que mais me importavam. Estive novamente na casa do babalorixá para conduzir mais um estudo de *O Evangelho segundo o espiritismo*, quando uma outra entidade espiritual me disse:

— Minha filha acha que vai ficar sozinha, né? Sem família para atrapalhar... Acha que relacionamento amoroso só atrapalha o que minha filha veio fazer. Não é nada disso! Cada pessoa tem seu próprio caminho aqui na Terra, tudo já combinado antes. Tem gente que veio para ter um casamento difícil mesmo. A maioria. Tem gente que veio para caminhar sozinho. Mas minha filha programou outra coisa. Minha filha vai encontrar um moço de coração bom, vai ter uma família linda, cheia de "canguritio".[52] Vocês vão ajudar muita gente. Pode escrever o que eu estou te dizendo pelo dia que é de hoje.

Senti-me impactada por aquelas palavras que pareciam vir em resposta ao que se passava em meu coração. E registrei cada frase em um lugar especial da memória, sem conseguir acreditar que pudessem ser verdade algum dia.

No ano seguinte, em um domingo qualquer, em uma das atividades iniciais da JENA, alguém deveria falar sobre um livro que estivesse lendo. Um dos jovens levou um projetor de transparências para apoiá-lo na divulgação do livro escolhido. Ocorre que o projetor teimava em não funcionar, atrasando o início das atividades. Um rapaz que eu nunca havia visto antes levantou-se para tentar resolver o problema enquanto eu pensava:

— Como é que a pessoa nunca veio aqui antes e já está se metendo onde não foi chamada?

Aquele rapaz tinha sido transferido para Salvador havia alguns meses em função do seu trabalho na Marinha do Brasil. Como era espírita e conhecia o trabalho do médium Divaldo Franco, buscou o endereço da Mansão do Caminho na internet e fora visitar a JENA. Nenhum

---

52. Termo utilizado por essa entidade espiritual para referir-se a filhos.

sinal mágico aconteceu quando nos conhecemos e, de minha parte, não houve uma ligação entre as coisas anunciadas pelos Espíritos.

Estava absolutamente em paz comigo mesma nessa época e não desejava que nada me distraísse desse prumo. Mas, como consta em *Provérbios*, 19:21: "Muitos são os planos no coração do homem, mas o que prevalece é o propósito do Senhor".

Em poucos meses, tornamo-nos amigos e, na sequência, começamos a namorar. Após dois anos e meio, nós nos casamos. Em janeiro de 2011, a Larissa com um olhar pessimista sobre as relações, cética a respeito das previsões espirituais e com planos de morar na Mansão do Caminho, seguindo os exemplos franciscanos, precisou recalcular a rota e se abrir para uma nova vida jamais cogitada por ela.

No avião, ao lado de Ricardo, observando a cidade de Salvador lá do alto, um misto de alegria e medo misturaram-se em meu coração. Os planos abrigados até então iam ficando pequenos e distantes, sem que fosse possível enxergar o chão a ser pisado logo à frente. Seguia entre feliz e triste para uma nova cidade, um novo centro espírita, uma nova faculdade, uma nova vida.

♥

Não existem Espíritos que sejam a nossa metade, dos quais dependamos para nos sentirmos inteiros, mas existe maior afinidade ou simpatia entre determinados Espíritos, conforme a igualdade dos graus de elevação. Em um planeta cujos habitantes, em sua maioria, encontram-se na categoria de Espíritos imperfeitos, será esperado que nas uniões terrenas o mar de rosas esteja entremeado por muitos espinhos.

capítulo 17
Você está sempre triste

> *A minha alma se consome de tristeza; fortalece-me conforme a tua promessa.*
> — Salmos, 119:28

A BENFEITORA ESPIRITUAL JOANNA DE ÂNgelis escreveu um capítulo intitulado "A noite escura da alma",[53] no qual afirma que "nenhuma criatura humana se encontra na Terra sem atravessar, vez que outra, a noite escura da alma". Seja essa "noite escura" fruto de frustrações, ilusões, perdas, lutos, traições ou quaisquer outros desafios característicos da condição humana aqui na Terra, o fato é que existem fases mais sombrias para cada um de nós.

Existem as experiências em si e a nossa resposta emocional a elas. Não são a mesma coisa. Tanto é assim que, diante de experiências similares, duas pessoas podem reagir emocionalmente de formas diversas. A nossa resposta emocional

---

53. Joanna de Ângelis [Espírito], Divaldo Pereira Franco. *Atitudes renovadas*. Salvador: Leal, 2009. [cap. 7, p. 49]

às circunstâncias tem relação com o nosso amadurecimento espiritual, com os recursos adquiridos até então e com as peculiaridades de cada qual. Algumas almas são mais sensíveis diante da dor e das circunstâncias, outras apenas sobrevivem sem refletir muito sobre os fatos, alguns lutam, outros fogem e há os que paralisam.

Os sentimentos humanos são mais complexos do que pode parecer em um primeiro olhar. Somos capazes de sentir alegria e tristeza ao mesmo tempo. Essa ambivalência pode causar ainda mais sofrimento para quem a vive: "Eu deveria estar apenas feliz e grata! Mas por que meu coração está angustiado?".

Todas as transformações que ocorreram na minha vida a partir de 2011, advindas do casamento e da mudança de cidade logo em seguida, geraram um tsunâmi interno que caracterizou os primeiros trezentos e sessenta e cinco dias da nova jornada. Uma parte de mim estava muito feliz pelo reencontro com uma alma tão afinada com a minha, pela convivência pacífica e respeitosa, pela identidade de propósitos e ideais. Todavia, a outra metade estava despedaçada. O preço a ser pago para viver aquilo que meu coração apontava ser o caminho certo foi bem alto.

Uma vida completamente diferente da que eu esperava viver se desdobrava à minha frente e o medo voltou a me visitar, acompanhado da tristeza. Nos meses iniciais de adaptação, eu me senti um peixe fora d`água e me agarrei às amizades já construídas em Salvador. Quem me visse nos intervalos da nova faculdade me encontraria sempre acompanhada de um livro, sem muito espaço para novos relacionamentos.

Sentia-me enlutada e sofria por não conseguir estar tão feliz quanto achava que deveria. Mergulhei de cabeça nas atividades da casa espírita que passamos a frequentar, já conhecida por Ricardo, o Grupo Espírita André Luiz. Fui recebida pela instituição de braços abertos e, em poucos meses, já estava engajada na evangelização da infância e da juventude, no trabalho da sopa, no trabalho social, no coral e na costura. Além disso, assistia às palestras e estudava. Muita coisa, não é? Considerando que estava no último ano de faculdade e cursando onze matérias para não atrasar a conclusão da graduação, o leitor pode concluir que não sobrava tempo para quase nada. E esse era o objetivo mesmo, manter-me imersa nas atividades para não sentir a dor que teimava em aparecer.

Havia ainda um outro ponto. Quando saí de Salvador, meu pai estava com uma doença degenerativa em processo de identificação. O diagnóstico propriamente dito nunca foi fechado, mas o sintoma principal era ataxia cerebelar.[54] Naquela etapa da doença ele ainda estava muito ativo, mas já apresentava sinais de comprometimento motor. Mesmo sabendo que meus quatro irmãos estariam lá para o que nosso pai precisasse, foi

---

54. As ataxias constituem um grupo amplo e complexo de doenças neurológicas. A perda do equilíbrio é o sintoma principal, embora fenótipos complexos com outros sintomas e sinais motores e não motores possam ocorrer. Fonte: Academia Brasileira de Neurologia. Disponível em: https://abneuro.org.br/2021/12/21/ataxia-cerebelar-aguda-diagnostico-diferencial-e-abordagem-clinica.

muito difícil me distanciar sem saber exatamente o que viria a seguir. Cheguei a conversar, em um atendimento fraterno, com Divaldo Franco sobre a situação e, com todo o cuidado, ele me disse que eu não tinha questões do passado a resolver com meu pai, e que talvez aquela fosse uma oportunidade dada pela vida para que os demais familiares ajustassem as suas questões. Ainda assim, foi muito difícil. Sempre me senti de alguma forma responsável pelo meu pai, e a distância, em um momento tão delicado, foi um ingrediente a mais naquele caldo de melancolia.

Assim como acontecia na infância, o meu estado emocional não era tão visível para as pessoas ao meu redor. Eu tentava ao máximo lidar sozinha com os desafios íntimos, sentia-me culpada pelo que sentia, e apenas com Deus era capaz de abrir meu coração por inteiro. Minhas orações naquele período pareciam me levar diretamente aos anos da infância, quando ajoelhada no chão, no silêncio da noite, eu me permitia abrir inteiramente o coração para me banhar no amor divino.

Havia altos e baixos. Dias mais coloridos e empolgantes, nos quais me sentia conectada a quem costumava ser, falando pelos cotovelos e animada com as coisas simples da vida. Em outros tantos, minha vitalidade parecia ter sido drenada e tudo ficava mais cinza. Eu tentava compartilhar com meu esposo que não estava muito bem emocionalmente, não sabendo exatamente como nomear tais questões, que soavam sempre como queixas pueris ou ingratidão.

— Você está sempre triste! – ele me disse certa vez, enquanto entravámos no carro para uma atividade, em um dos dias em que eu tinha reunido todas as minhas forças para fazer o que tinha de ser feito, quando a minha vontade era a de permanecer na cama.

Não soube o que responder. Era a pura verdade. Já havia passado da hora de procurar ajuda profissional, mas até pedir ajuda pode parecer difícil em algumas fases da vida. Mesmo sendo uma estudante de psicologia do quinto ano, eu não conseguia entender o que realmente estava acontecendo comigo. Aquela mesma dor da infância havia voltado; por que as atividades espíritas não era mais capazes de me curar? Eu continuava lendo, evangelizando, participando dos estudos, tomando passe, fazendo o Evangelho no Lar, conversando com Deus... e não melhorava. Não era falta de Deus, nem de ocupação e nem de caridade.

Nos meses finais daquele ano desafiador, Ricardo foi convocado para uma viagem até o continente africano que durou pouco mais de dois meses. Naquele período, fiquei muito mal. Por alguns dias, levantei-me da cama apenas para fazer o mínimo necessário à sobrevivência do corpo, sentindo um vazio enorme na alma, solidão e desamparo. O que eu estava fazendo ali? Quais eram os propósitos de Deus para a minha vida? Era o que eu me perguntava repetidamente, sem conseguir aceitar verdadeiramente toda aquela mudança de direção.

Fiz uma pequena viagem para Salvador e chorei copiosamente quando entrei novamente na Mansão do Caminho. Sentia uma saudade enorme da antiga vida. Percebi também que não estava fácil para os meus irmãos conciliar os cuidados com o nosso pai com outros afazeres, e isso só piorou as coisas emocionalmente. A verdade era que eu queria ter tudo sem perder nada. Queria ter casado e continuado na minha cidade, na mesma casa espírita, com os mesmos amigos, perto da minha família, ajudando meu pai. Ter renunciado a praticamente tudo estava me devastando e quase ninguém ao meu redor percebia. Sempre fui boa em camuflar o que sentia.

Em um outro capítulo do livro *Atitudes renovadas*, a veneranda Joanna de Ângelis tece algumas considerações em torno da melancolia e da tristeza:

> A melancolia é um estado de saudade de algo conhecido e perdido ou desconhecido e não experimentado que, em se prolongando, pode transformar-se em depressão. Enquanto a tristeza convida à viagem interior, propondo avaliação de comportamento e consideração de valores aceitos, a melancolia normalmente é resultado de algum tipo de perda, incluindo-se a desencarnação de algum ser querido. No início é natural que ocorra, no entanto, em se prolongando por algumas semanas converte-se em transtorno depressivo, que necessita de competente tratamento.[55]

---

[55]. Joanna de Ângelis [Espírito], Divaldo Pereira Franco. *Atitudes renovadas*. Salvador: LEAL, 2009. [cap. 5, p. 37]

No retorno ao Rio de Janeiro, sozinha, enquanto o avião aterrissava no Aeroporto Santos Dumont, eu fiz uma oração desesperada pedindo forças, quando intimamente escutei como resposta:

— Ninguém vai aparecer para te salvar. Tome as rédeas da sua vida e procure ajuda.

Na semana seguinte, pedi a indicação de uma psicóloga e, na sequência, iniciei um processo psicoterapêutico que me ajudou a subir novamente os degraus que havia descido na direção de um episódio depressivo leve.

—⋅≫ ≪⋅—

Considerei importante trazer essa parte da minha história, especialmente em um livro que fala sobre a fé, porque, ainda hoje, apesar de tantas informações acessíveis, permanecem antigos preconceitos e distorções a respeito dos transtornos mentais. Dentre eles, existem três sobre os quais desejo refletir nestas linhas, porque alcançam com frequência aqueles que têm uma vivência no âmbito religioso.

O primeiro deles é a crença de que transtornos mentais, como depressão ou ansiedade, são "falta de força de vontade" ou "preguiça". Provavelmente, você já escutou ou pensou algo semelhante, não é verdade? Olhando de fora, parece simples. Basta algum esforço e pronto! Tudo está resolvido.

Quem dera fosse simples assim! A maior parte das pessoas que atendo profissionalmente e que sofre de algum transtorno mental luta bravamente para viver de forma funcional e cumprir as devidas obrigações, apesar dos desafios enfrentados intimamente.

O segundo preconceito sugere que o transtorno mental em questão decorre de "falta de fé" ou "falta de Deus". Infelizmente, já escutei essa fala advinda de representantes religiosos e ela me parece uma das distorções mais infelizes, porque contribui para o silenciamento daqueles que sofrem emocionalmente mas sentem vergonha ou medo do julgamento por parte do movimento religioso ao qual pertencem. Em muitos casos, essa crença e esse preconceito geram uma prisão para o próprio religioso que os sustenta e, diante da própria fragilidade, ele terá mais dificuldade para admitir que precisa de ajuda especializada. Sem dúvida, conforme estudos científicos[56] apontam há algum tempo, a espiritualidade pode ser um apoio valioso, mas é preciso entender que pessoas muito religiosas também podem necessitar de outros auxílios, como psicoterapia e acompanhamento psiquiátrico.

Por fim, há o preconceito de que os transtornos mentais são "falta de trabalho no bem" ou "falta de caridade". Assim como nos casos anteriores, essa concepção insinua que a pessoa é responsável por sua condição devido a uma falha moral ou espiritual, o que pode aumentar a culpa e a vergonha, dificultando a busca por ajuda.

---

56. Alexander Moreira-Almeida, André Stroppa. "Espiritualidade e saúde mental: o que as evidências mostram?". *Debates em psiquiatria*, Nov/Dez 2012. Disponível em: https://revistardp.org.br/revista/article/view/904/714

As pessoas que carregam algum sofrimento psíquico são muito diversas entre si. Dentre elas também encontramos pessoas ativas, religiosas e caridosas. Padecer de algum transtorno mental não é uma experiência exclusiva dos que têm pouca vontade, são descrentes ou egoístas. As citadas distorções, oriundas de um profundo desconhecimento sobre o tema da saúde mental, subestimam a complexidade dessas condições e ignoram os fatores biológicos, psicológicos, espirituais e sociais envolvidos.

De minha parte, precisei da ajuda de uma psicóloga para me soerguer emocionalmente em um momento da minha vida em que estava ativa em todas as minhas obrigações, presente nas atividades religiosas e nas orações, assim como trabalhando em múltiplas atividades voluntárias.

Nunca foi falta de Deus. E, graças a Ele, fui muito bem atendida por uma profissional que me ajudou a enxergar e a acolher o processo de luto pelo qual eu estava passando. Com alguns meses de acompanhamento, fui me abrindo para a nova vida que me aguardava e ressignificando o que não seria vivido. Novos e importantes capítulos me esperavam após a estadia da minha própria alma no deserto.

As pessoas que carregam algum sofrimento psíquico são muito diversas entre si. Dentre elas também encontramos pessoas ativas, religiosas e caridosas. Padecer de algum transtorno mental não é uma experiência exclusiva dos que têm pouca vontade, são descrentes ou egoístas.

As citadas distorções, oriundas de um profundo desconhecimento sobre o tema da saúde mental, subestimam a complexidade dessas condições e ignoram os fatores biológicos, psicológicos, espirituais e sociais envolvidos.

… capítulo 18

É você que é palestrante?

> *Há diferentes tipos de dons, mas o Espírito é o mesmo. Há diferentes tipos de ministérios, mas o Senhor é o mesmo. Há diferentes formas de atuação, mas é o mesmo Deus quem efetua tudo em todos.*
> — *1 Coríntios, 12:4-6*

APÓS A MUDANÇA PARA O RIO DE JANEIRO, passei quase um ano sem realizar palestras espíritas, e a verdade é que não me considerava uma palestrante. Do meu ponto de vista, as palestras realizadas ao lado dos outros jovens da JENA eram apenas mais uma dentre tantas atividades que faziam parte daquele contexto. Nunca houve nenhuma glamourização dessa tarefa e, naquela época, não tínhamos uma noção clara da existência de congressos espíritas em outros estados. Nossas palestras eram realizadas em centros espíritas pequenos, a maior parte deles localizada em bairros periféricos. Não me parecia exatamente um teste à nossa vaidade. Com a mesma naturalidade que participávamos das atividades sociais e mediúnicas e dos estudos, realizávamos também essas palestras.

Foi dessa forma que, ao começar as atividades no GEAL, senti-me confortável em participar tão somente daquelas tarefas para as quais era convidada, a maior parte delas no âmbito da evangelização. Não sentia falta de fazer palestras e acreditava que estava na casa espírita para ajudar com o que fosse preciso.

Ocorre que minha grande amiga e incentivadora Lusiane Bahia, com a qual aprendi muito ao longo dos anos de participação na JENA, sempre me perguntava durante as nossas conversas:

— Lari, e as palestras? Já fez alguma por aí?

— Não, Luzita... Ninguém nem sabe que eu fazia palestras. Não tem nada parecido com o que fazíamos na JENA. O pessoal que faz palestras aqui é bem mais velho. Deixa quieto... – eu respondia, finalizando o assunto.

Nesse mesmo ano, durante uma ida a Salvador, essa mesma amiga fez questão de agendar uma palestra para mim em um daqueles centros espíritas que eu já conhecia. Foi a única palestra que realizei naquele ano de 2011.

— Lari, mesmo que você não tenha palestras marcadas ainda, não deixe de estudar e treinar para não perder a prática – foi o conselho que ela me deu naquela oportunidade.

Eu não entendi ao certo o que ela quis dizer. Prossegui estudando, sem jamais imaginar como tinham sido sábias aquelas palavras.

—✧❯❮✧—

Era agosto de 2011, e oito meses haviam se passado desde a mudança de vida. Intimamente, eu ainda estava lidando com os desafios emocionais relatados no capítulo anterior, quando chegou a data em que Divaldo

Franco chegaria à cidade para uma semana inteira de conferências. Um dos locais ao qual ele costumava ir todos os anos era exatamente a casa espírita que frequentávamos. Eu, que estava tão acostumada a assistir as palestras do Divaldo na Mansão do Caminho, comecei a descobrir que fora de casa as coisas eram diferentes. Havia uma expectativa enorme em torno de sua chegada, e nem todos conseguiriam assisti-lo, mesmo sendo um local amplo.

O tão esperado dia chegou, e foi marcado por um misto de emoções e alguns acontecimentos inusitados. Eu não sabia como me portar diante do Divaldo em um evento fora da Mansão do Caminho. Após a conferência, uma longa fila começou a se formar por aqueles que desejavam um autógrafo, uma foto ou um cumprimento. Meu esposo me perguntou:

— Você não vai lá cumprimentá-lo?

Após esboçar uma cara de dúvida, respondi:

— Não sei se faz sentido ir cumprimentá-lo. Não temos proximidade a ponto de ele perceber que não fui falar com ele. Não sei se ele vai saber quem eu sou, e, ao mesmo tempo, é estranho ter que explicar. Pode parecer que quero mostrar uma intimidade que não existe... sei lá. Não sei...

A fila diminuiu e cresceu novamente, sem que eu chegasse até ela. Meu esposo, percebendo a minha indecisão, interveio:

— Bom... Ele pode não lembrar quem é você. Mas você sabe quem é ele. Acho que deveríamos ir até lá.

Era verdade. Ele estava certo. Eu sabia da importância dele para mim e isso bastava. Entramos na fila.

Enquanto nos aproximávamos da mesa de autógrafos, percebi que, repetidas vezes, o olhar dele parecia procurar alguém na fila. Até que, em um dado momento, o olhar dele cruzou com o meu e tive a sensação de que havia alguma entidade espiritual ao lado dele, explicando quem eu era, ou fornecendo algum recado. Eu não vi ninguém, mas foi uma sensação muito clara. A ponto de dizer ao Ricardo:

— Tem alguma coisa acontecendo ali. Acho que ele vai me reconhecer.

Dito e feito.

Ao nos aproximarmos da mesa, comecei a me apresentar timidamente quando ele com empolgação completou:

— Sim! Você é minha neta! Protegida de Edilton, sempre muito ativa lá na JENA. E agora está aqui por conta do trabalho desse rapaz, não é mesmo? Cuide dessa moça, hein? Se não, vai se ver comigo! – disse em tom de brincadeira.

Aquele momento foi muito inusitado. Divaldo falou comigo de uma forma como nunca havia acontecido antes. Muito animado, como se tivesse encontrado alguém querido que não via há algum tempo. Fiquei muito feliz, mas senti que tinha havido uma intervenção ali. Eu não sabia explicar, mas senti que alguém havia dito ao Divaldo todas aquelas coisas, algum Espírito.

Meu esposo jurou que tinha sido o próprio Divaldo quem lembrara daquelas coisas, mas eu tinha certeza de que não. E resolvi fazer um teste naquela mesma semana. Fui a uma outra palestra, comprei um livro e levei para ser autografado. Apenas disse meu nome, ele apenas autografou e não me reconheceu. Confirmei a minha hipótese, mas continuei com uma dúvida. Por que aquela intervenção ocorrera? Qual tinha sido o propósito daquele momento?

—⁂—

No ano seguinte, nós nos mudamos para a cidade de São Gonçalo e comecei a frequentar a Sociedade Espírita Fraternidade (SEF), muito conhecida pelo trabalho do notável médium e palestrante José Raul Teixeira. De vez em quando, íamos a uma das palestras de domingo no GEAL, mas já não conseguíamos prosseguir com as atividades lá desempenhadas. Ricardo foi convocado para um navio que ficaria um semestre na Antártida, e passou a ter pouco tempo disponível para as atividades no centro. Em poucos meses, eu já estava engajada nas tarefas da nova instituição, que também me acolhera de portas abertas. Como ainda estava na idade de frequentar a mocidade de lá, cheguei de fininho, apenas assistindo as aulas, sem relatar a minha experiência como evangelizadora, mas logo fui convidada a auxiliar a equipe de trabalho.

Em meados de 2012, três situações aconteceram quase ao mesmo tempo, nitidamente orquestradas por uma força invisível. Primeiramente, fiz uma viagem para Salvador e minha querida amiga Ludiana me convidou para conhecer um centro espírita no qual ela atuava como médium no tratamento espiritual. Chegando lá, peguei minha senha para o atendimento e me sentei na última cadeira da última fileira, aguardando a palestra começar. De olhos fechados, mantive-me em prece, pedindo a Deus que os benfeitores daquela casa pudessem me auxiliar conforme as minhas necessidades.

Era um centro grande e estava cheio; todos aguardavam a palestra e o posterior atendimento. Inesperadamente, uma mão tocou no meu ombro esquerdo, despertando-me da introspecção:

— É você que é palestrante? – uma senhora me perguntou.

Percebendo, talvez, a minha expressão de espanto, ela continuou:

— Atualmente, sou presidente desta casa, e estamos em uma situação complicada hoje. Casa cheia, poucos médiuns, o palestrante não conseguirá chegar e nem o dirigente. Preciso ajudar no tratamento e sua amiga Ludiana me disse que você é palestrante, que era palestrante lá na Mansão do Caminho... Você poderia fazer a palestra desta noite?

Faltavam apenas cinco minutos para o início da palestra. Senti um embrulho no estômago, de medo. Havia meses que não fazia uma palestra, e nunca tinha feito uma palestra sozinha com duração de sessenta minutos.

Aquiesci e fui caminhando vagarosamente até o palco, suplicando aos amigos espirituais que me auxiliassem a ter sabedoria nas palavras. Estava sozinha lá na frente, mas sentindo o amparo da espiritualidade. Abri *O Evangelho segundo o espiritismo* e comecei a discorrer sobre o assunto abordado pelo trecho escolhido da melhor forma que pude. Após findar a minha fala e ser atendida no tratamento espiritual, escutei do Espírito que me atendeu:

— Continue falando minha filha, não pare de falar.

No meu retorno ao Rio de Janeiro, recebi um convite inesperado da diretoria doutrinária da SEF. Fui convidada a realizar uma palestra na instituição no mês de novembro e aceitei, surpresa com a sincronicidade dos acontecimentos.

Mas não terminou por aí. Em um domingo qualquer em que fui com Ricardo assistir a palestra doutrinária do GEAL e rever os amigos, logo na entrada nós nos deparamos com a responsável pelas palestras da instituição, Ana Spranger. Nunca havíamos trocado palavra, e eu a conhecia tão somente por meio da biografia escrita por ela a respeito de Divaldo, *O Paulo de Tarso dos nossos dias*.

Ana veio em nossa direção, segurando um marcador de páginas em que estavam anotados duas datas e dois temas. Com a maior naturalidade, ela me entregou o marcador e disse que havia alguns meses tentava contato comigo para o agendamento daquelas duas palestras. Enquanto ela falava, eu tinha a sensação de que havia algum mal-entendido. Ninguém no GEAL sabia do meu histórico de palestras e a casa não tinha como característica convidar palestrantes tão jovens e inexperientes. Na época, estava com 23 anos de idade e imaginei que a minha interlocutora estivesse me confundindo com alguém. Caminhei até o salão sem saber ao certo como agir para desfazer o mal-entendido, enquanto meu esposo me perguntava:

— O que aconteceu lá embaixo? Não entendi direito...

— Muito menos eu... Acho que ela está me confundindo com alguém. Deve haver outra Larissa, não sei também. Não faz muito sentido – respondi.

Após a palestra, seguimos pensando sobre o que teria acontecido para dar ensejo àquele convite inusitado, sem encontrar respostas. Ao mesmo tempo, eu achava coincidência demais que, após um ano de calmaria no âmbito da exposição doutrinária, agora esses eventos, aparentemente aleatórios, estivessem acontecendo simultaneamente.

Liguei para a minha amiga Lusiane para contar as novidades, e ela me respondeu com tranquilidade:

— A palestra é para você mesmo, Lari. Estude e se prepare.

Após algumas semanas, resolvi voltar ao GEAL para uma palestra de domingo e ter a oportunidade de desfazer o mal-entendido. Imaginei que, ao me encontrar, Ana Spranger diria:

— Larissa, desculpe a confusão! Pensei que você fosse uma outra Larissa...

Lá estávamos, meu esposo e eu, sentados na última fileira do salão. A casa estava cheia, e quase não havia assentos disponíveis. Faltavam apenas cinco minutos para o início da preleção daquela tarde quando avistei Ana, que caminhava em minha direção. Então, tudo seria esclarecido.

— Larissa, que bom que você está aqui! O palestrante não conseguirá chegar a tempo. Você pode fazer a exposição sobre *O Evangelho segundo o espiritismo*? O item de hoje será "Não vim trazer a paz, mas a espada" – foram as palavras dela, para a minha completa surpresa.

Um frio percorreu o meu estômago e a minha cabeça assentiu enquanto as minhas pernas que levaram em direção do palco. Uma frase sobre a fé passou rapidamente pela minha cabeça.

"Fé é pisar sem ver o chão."

Eu não estava vendo o chão, mas continuei caminhando, apavorada. Já seria desafiador fazer uma palestra para um público grande como aquele, em uma instituição tradicional como aquela, após muito me preparar. Mas naquele caso a situação era muito pior. Eu tinha dúvidas exatamente sobre aquele item do *Evangelho*, e não me sentia nada preparada para improvisar uma exposição sobre o assunto. Não seria irresponsabilidade minha dizer aquele "sim"?

Nos milésimos de segundos em que tudo isso aconteceu dentro da minha cabeça, uma outra voz me disse intimamente:

— Nós te ajudaremos!

Eu me senti envolvida por uma onda de confiança que, aos poucos, acalmou os sinais de ansiedade do corpo. E após a prece proferida pelo dirigente da reunião, eu já havia reestabelecido o fluxo natural da respiração e me entreguei ao auxílio dos bons espíritos. Se por um lado eu não havia me preparado para aquela palestra, por outro, eu tinha estudado a codificação espírita todas as manhãs e haveria algo ali a ser aproveitado naquela oportunidade.

Comecei lendo o trecho sobre o qual deveria comentar e percebi as ideias fluindo rapidamente, como sugestões bem encadeadas que me ajudavam a comentar e, ao mesmo tempo, entender o texto de uma forma que nunca havia acontecido antes. Deixei-me guiar por aquelas sugestões, ainda senhora de minha própria mente, mas aceitei a inspiração benfazeja que me acudiu em um instante de necessidade.

Ao final, a sensação foi de profunda gratidão. Uma sensação de dever cumprido misturada à vibração superior que ainda desfrutava no ambiente. Desci as escadas do palco e um amigo me disse:

— Larissa, foi a primeira vez que entendi essa passagem. Obrigada!

— Pois é, meu amigo... foi a primeira vez que eu entendi também! – respondi sorrindo, sem que ele pudesse alcançar a realidade das minhas palavras.

— ❧ ☙ —

Foi apenas oito anos após a minha primeira palestra no GEAL que tive coragem de perguntar a Ana Spranger, enquanto trocávamos mensagens no celular, sobre os bastidores daquele primeiro convite. Ela me respondeu em um áudio:

— Pensei que você se lembrasse... Você estava lá! – começou ela.

Averiguei que não havia qualquer lembrança na minha memória que desse sentido ao rumo da conversa. Ela continuou:

— Após a palestra do Divaldo no GEAL, enquanto ele descia as escadas do palco ao meu lado, avistou você e seu esposo lá no térreo, e, quando nos aproximamos de vocês, ele me perguntou se eu já conhecia a neta dele, e me aconselhou a convidá-la para fazer uma palestra. Eu achei que você tivesse escutado, foi na sua frente.

Eu não havia escutado e nem sequer me recordava da circunstância descrita. Mas foi exatamente no dia em que Divaldo me cumprimentou de forma entusiasmada na fila, quando senti que havia algo acontecendo nos bastidores espirituais sem que eu alcançasse o que era.

♥

"Fé é pisar sem ver o chão."

Eu não estava vendo o chão, mas continuei caminhando, apavorada.

Dentro da minha cabeça, uma outra voz me disse intimamente:

— Nós te ajudaremos!

capítulo 19

Minha filha, está tudo bem!

Meus irmãos, considerem motivo de grande alegria o fato de passarem por diversas provações, pois vocês sabem que a prova da sua fé produz perseverança.
— Tiago, 1:2-3

NÃO É SURPRESA PARA NENHUM DE NÓS que a caminhada aqui na vida terrena seja pouco linear. Estamos expostos aos altos e baixos característicos do relevo de um planeta da categoria do nosso, em que o mal ainda predomina sobre o bem. Não somos simples vítimas das condições espirituais de um planeta de provas e expiações, mas, antes, é exatamente a nossa realidade espiritual que guarda identificação e correspondência com a densidade do orbe em que estamos localizados. Ninguém está matriculado em uma turma equivocada; a senha de acesso está em nós mesmos.

Se observarmos com atenção, perceberemos que a breve temporada de uma reencarnação é marcada por fases, algumas mais calmas e alegres e outras mais desafiadoras. Algumas pessoas têm maior facilidade em manter a conexão com Deus e com a própria religiosidade em momentos de calmaria, mas se abatem de tal forma diante dos desafios que acabam se afastando dessa experiência fundamental. Enquanto as coisas caminham bem são capazes de oferecer grandes lições no âmbito da fé, mas logo sejam visitados pela dor, a sensação de injustiça se sobrepõe à confiança no Alto.

Outros há que buscam a experiência religiosa exatamente no momento do desespero, diante das adversidades da vida material, engajando-se em diversas atividades do grupo religioso escolhido na tentativa de ter a sua dor acalmada, tal qual o doente que busca a emergência hospitalar ansiando analgesia. Tão logo veja amenizado o seu padecimento, é comum que a constância diminua, as preces escasseiem e o relacionamento com a fé esfrie.

Não são todos, certamente, mas ainda são muitos. Não foi por outro motivo que o benfeitor espiritual Emmanuel,[57] ao comentar a passagem de Paulo aos romanos, "Mas o justo viverá pela fé" (*Romanos*, 1:17), forneceu-nos as seguintes advertências:

> Os dias são ridentes e tranquilos? Tenhamos boa memória e não desdenhemos a moderação.
>
> São escuros e tristes? Confiemos em Deus, sem cuja permissão a tempestade não desabaria. Veio o abandono do mundo? O Pai jamais nos abandona. Chegaram as enfermidades, os desenganos, a ingratidão e a morte?

---

57. Emmanuel [Espírito], Francisco Cândido Xavier. *Caminho, verdade e vida*. 29. ed. Brasília: FEB, 2018. [cap. 23]

Eles são todos bons amigos, por trazerem até nós a oportunidade de sermos justos, de vivermos pela fé, segundo as disposições sagradas do Cristianismo.

Essa é uma das mensagens do Espírito Emmanuel que já li mais vezes ao longo dos anos, tendo transcrito seus enunciados em um caderno para melhor fixá-los na mente e rememorá-los nas possíveis distrações dos dias ridentes ou nas obnubilações dos dias tristes.

Após a primeira palestra feita de improviso no GEAL, vieram gradativamente novos convites de instituições espiritistas espalhadas pela cidade do Rio de Janeiro, dando início a profícuos anos de trabalho na divulgação doutrinária.

Eu já me encontrava emocionalmente mais forte e adaptada à nova realidade, como se houvesse finalmente atravessado uma neblina espessa que me distanciava de mim mesma. E fui, aos poucos, tomando as rédeas dessa nova vida que se descortinava à minha frente.

Já morávamos em São Gonçalo e havíamos adotado um cachorro que batizamos de Jung quando chegou a data da viagem de Ricardo para a Antártida, onde ficaria por seis meses. Senti medo de afundar novamente ao me deparar com aquele longo período de solidão. Eu me sentia forte, mas não sabia se seria o suficiente quando realmente estivesse sozinha. Havia construído amizades importantes e sabia que a situação era completamente diferente da do ano anterior, mas sentia o medo se reaproximar enquanto buscava alimentar as tímidas labaredas na minha fé.

Nessa época, Ricardo tinha um Palio 98 que, volta e meia, apresentava algum problema. E apesar de já ter carteira de motorista eu não me sentia nada segura para dirigir no Rio de Janeiro com aquele carro. Nem ao menos sabia como fazer o carro pegar no embalo, caso fosse preciso.

Foi nessa época que minha mãe foi contemplada com um Celta novo em um consórcio que havia feito anos antes, pensando em me presentear com um automóvel. E me deu as boas novas nas proximidades daquele período em que eu estaria administrando sozinha a minha rotina de atividades. A chegada daquele carro mudou tudo.

Apesar de todo o medo e da inexperiência, fui gradativamente avançando na tarefa de dirigir. O medo se sentava ao meu lado no carro, enquanto a coragem ia no banco de trás. Seguíamos até um estacionamento no meio do caminho e depois eu pegava o ônibus até o meu destino. Aos poucos, fui encontrando novos estacionamentos, cada vez mais distantes, até ser capaz de dirigir por todo o caminho.

Para quem começou a dirigir com facilidade, pode parecer até engraçado que alguém precise de tantos passos para avançar na direção, mas essa mesma estratégia já auxiliou dezenas de pessoas que experimentaram o mesmo desafio que o meu.

Em um sábado, mesmo com um frio na barriga, entrei no carro às sete da manhã para seguir até a pós-graduação. Na sequência, dirigiria até o centro espírita para o trabalho com a juventude da SEF. Foi então que o meu maior medo se concretizou.

Qual é o maior medo de quem está começando a dirigir? Acredito que seja bater o carro. No meu caso, era bater o carro e não ter ninguém para quem pudesse ligar pedindo ajuda ou apoio moral. As minhas amigas dessa época não estavam exatamente aptas a me prestarem esse tipo de auxílio, e o marido estava a muitos quilômetros de distância. Mas o maior pesadelo mesmo era que algo acontecesse à noite.

Pois bem. No referido sábado, por volta das sete e meia da noite, quando eu voltava do centro espírita para casa, percebi que uma ladeira que ficava no caminho estava bem engarrafada e pensei que seria difícil ficar tanto tempo fazendo meia embreagem até que o fluxo de carros normalizasse. Resolvi parar em um restaurante que havia antes da ladeira, com vagas de estacionamento aparentemente fáceis para qualquer motorista iniciante.

Sentei-me no restaurante, pedi um lanche e liguei para a minha mãe enquanto aguardava o trânsito diminuir. Rezei como de costume, pedindo a Deus que me ajudasse a voltar para casa em segurança. Sentia medo, e queria que alguém pudesse apenas me socorrer, mas fui administrando as ondas emocionais que iam e vinham.

Mais de duas horas depois, finalmente o engarrafamento cessou. Seria simples: eu seguiria pelo mesmo caminho já conhecido e chegaria finalmente em casa. Ocorreu que, ao sair com o Celta da vaga em que estava, em uma pequena rampa, ladeada por outros veículos, bati a lateral esquerda em um outro carro e não fazia a menor ideia de como retirar o carro dali, pois era uma pequena rampa e qualquer novo equívoco poderia aumentar o estrago.

Lá estava o meu maior fantasma, diante de mim, às dez horas da noite. Foquei a resolução do problema sem me permitir sentir muito o que estava acontecendo dentro de mim. O motorista do outro carro devia estar no restaurante. Anotei a placa e, com a ajuda do gerente, passei de mesa em mesa, tentando encontrar o dono do veículo, sem êxito. Havia um espaço de festas no local e lá fui eu também, desejosa de resolver aquele imbróglio. Nada.

Parei por alguns minutos em frente aos dois carros e comecei a rezar, suplicando a Deus que me ajudasse, pois eu realmente não sabia mais o que fazer. Nesse exato momento, um senhor com um semblante compassivo se aproximou de mim, tentando entender o que havia acontecido. Percebendo o meu desamparo, ele pegou a chave do meu carro e conseguiu voltar o Celta para a posição original, de modo a verificar o tamanho do estrago no outro carro.

Não tinha sido nada demais. Não havia amassado. Apenas a tinta branca do meu carro estava no outro carro. Aquele senhor, que mais parecia um enviado de

Deus, foi até o carro dele e trouxe um produto específico para limpeza. Passou no carro e conseguiu deixar a pintura intacta, como antes.

— Minha filha, está tudo bem. O único carro que amassou um pouco foi o seu. O dono do carro deve estar em um dos prédios da redondeza. Talvez só apareça aqui amanhã. Vou tirar o seu carro da vaga e você vai seguir para a sua casa. Esqueça isso, ok? Não foi nada demais – foram as palavras dele.

Agradeci ao bom samaritano que me socorreu e entrei no carro por volta das onze e meia da noite. Minha mãe me ligava insistentemente, mas eu sabia que desabaria quando escutasse a voz dela. Era preciso chegar em casa antes.

De volta ao ambiente doméstico, chorei copiosamente em um misto de desamparo e gratidão. Queria ter alguém ali fisicamente para me consolar e dizer que tudo ficaria bem, mas não era possível. Conversei com a minha mãe, tentando demonstrar que estava tudo sob controle, e fui dormir horas depois, decidida a não dirigir por um bom tempo. Ocorre que no dia seguinte eu tinha um compromisso às nove da manhã no Remanso Fraterno, obra social da SEF.

Achei-me no direito de não colocar nenhum despertador e de ficar na cama até quando o meu desalento permitisse. Não havia como chegar lá de ônibus e, como eu não pretendia dirigir, era melhor ficar em casa. Despertei às oito em ponto, com o seguinte raciocínio:

— Talvez hoje seja o dia mais improvável para bater o carro novamente...

Foi o suficiente para que eu me levantasse e estivesse com a chave do carro nas mãos em trinta minutos rumo ao meu compromisso.

—⋆⟩⟨⋆—

O fato é que, naquele semestre, morando com meu cachorro Jung, passos largos foram dados. Quando meu esposo retornou da Antártida, eu já estava dirigindo de São Gonçalo até a Barra da Tijuca, a Penha, Copacabana, Tijuca, Méier, entre tantos outros endereços de centros espíritas nos quais realizei palestras naquele período. Tive a companhia de Chris, uma grande amiga, que conhecia os endereços tão mal quanto eu, e que sentia ainda mais insegurança na direção que eu, e, ainda assim, aceitou aventurar-se comigo em muitas daquelas peregrinações pelo Rio de Janeiro.

Não apenas aqueles seis meses, mas os três anos seguintes foram um período de muito amadurecimento e aprendizado. Logo, meu esposo fez outra viagem longa e, mesmo nos períodos em que estávamos juntos, a rotina de trabalho no navio era sempre muito intensa. Poderiam ter sido três anos sofridos e tristes, mas não foram. As minhas memórias são quase todas felizes. Viajei muito para encontrar meu esposo, visitar minha família em Salvador e para assistir congressos e eventos espíritas ao redor do Brasil. Conheci dezenas de centros espíritas no Rio de Janeiro, escrevi para jornais e revistas espíritas de diferentes cidades, cultivei amizades, trabalhei, estudei, sorri, chorei e, acima de tudo, cresci.

Algumas noites, quando voltava para casa e caminhava com meu cachorro pela rua silenciosa, sentia a antiga melancolia me espreitando sorrateiramente, com sugestões intrusivas que lembravam da minha solidão.

— Sozinha... Sempre sozinha – era o que ela me dizia.

Nessas noites, eu me permitia sentir o que precisava ser sentido e derramar algumas lágrimas que aliviavam o meu coração enquanto cantava uma música do grande compositor Cabete, que foi, durante três anos, o meu hino de louvor a Deus naquelas noites mais sensíveis e solitárias.

Gratidão a Deus[58]

Quando, a sombra da tristeza
Cobrir, seu sonho de ventura,
Quando, você quiser chorar!
Diante, da taça da amargura!

Quando, a dor bater à porta,
Ferindo, bem fundo o coração,
Quando, a esperança é morta,
E a vida, é amarga ilusão!

Olhe para trás
Veja quanta dor
Súplicas de paz
Clamando amor...

---

58. Disponível em: https://www.youtube.com/watch?v=v4zx7LRq1VU

Olhos sempre em trevas,
Mãos mendigam pão,
Bocas que não falam,
E risos sem razão...

Deixe de chorar,
Volte a sorrir,
Você é tão feliz
Volte a cantar!

Faça uma prece,
Seja grato a Deus,
Ele sempre abençoa
Os filhos seus...

João Cabete

E logo estava refeita para prosseguir. Permitia que a tristeza me visitasse vez ou outra, conversava com ela, mas observava atentamente o limite entre me sentir triste e ser triste.

Algumas pessoas têm maior facilidade em manter a conexão com Deus e com a própria religiosidade em momentos de calmaria, mas se abatem de tal forma diante dos desafios que acabam se afastando dessa experiência fundamental. Enquanto as coisas caminham bem são capazes de oferecer grandes lições no âmbito da fé.

capítulo 20

Você está vendo isso?

> *Pois a sua ira só dura um instante,*
> *mas o seu favor dura a vida toda;*
> *o choro pode persistir uma noite,*
> *mas de manhã irrompe a alegria.*
>
> — Salmos, 30:5

EM AGOSTO DE 2015, MEU ESPOSO PASSAVA alguns dias de férias no Rio de Janeiro e fomos assistir um seminário de Divaldo Franco na Casa de Espanha. Nessa época, ele trabalhava em Manaus e viajava constantemente, o que me fez permanecer no Rio e viajar frequentemente para encontrá-lo em Manaus. Seguia fazendo muitas palestras espíritas ao redor do estado e atuando no âmbito profissional como psicóloga clínica.

Ansiávamos por uma trégua naquela correria para que pudéssemos vivenciar a rotina comum a qualquer casal que escolheu compartilhar a caminhada. E exatamente naquela tarde, na casa de Espanha, uma ligação inesperada mudou o rumo dos meses seguintes.

Ricardo recebeu um convite para desempenhar uma função em Brasília, e já sabíamos o que isso significaria: uma pausa nas viagens. Uma excelente notícia para os nossos planos familiares!

Enquanto nos organizávamos para a mudança de cidade, outros desafios se desdobravam em Salvador. A doença degenerativa do meu pai avançava e ele já apresentava limitações expressivas no desempenho das atividades cotidianas. Seria cada vez mais difícil para ele realizar pequenas viagens como vinha fazendo até então. Os problemas de convivência com os meus irmãos também eram recorrentes; cuidar é uma tarefa desgastante. E quando acrescentamos à equação problemas de relacionamento não resolvidos, mágoas do passado e temperamento difícil, o dia a dia se transforma em uma bomba prestes a explodir.

Compartilhei com Ricardo um desejo que havia tempos morava no meu coração, mas que, até então, parecera impossível: levar meu pai para morar conosco. Sabia que seria um grande desafio; tínhamos cinco anos de casados, mas, nesse tempo, mal conseguimos ter uma rotina de convivência, estávamos sempre entre encontros e despedidas. Ter meu pai conosco significaria assumir uma rotina de cuidados sem possibilidade de revezamento com outra pessoa, e não poderíamos pagar por uma cuidadora. Ele topou e assim fizemos.

Em janeiro de 2016, uma nova fase da nossa vida teve início. Em um apartamento localizado na Asa Sul de Brasília estávamos Ricardo, meu pai Benedito, meu cachorro Jung e eu.

Uma outra decisão importante também havia sido tomada: era chegada a hora de ter filhos. Eu acreditava sinceramente que encontraria um jeito de dar conta de tudo, e me sentia muito feliz por ter a oportunidade de cuidar do meu pai. Ao mesmo tempo, era bem difícil e me sentia exausta ao final do dia. Era preciso ajudá-lo no banho, na mobilidade, a fazer os exercícios de fisioterapia e de fonoaudiologia, trocar fralda, cozinhar, limpar a casa, fazer as compras... O dinheiro não era suficiente para pagar alguém que me ajudasse, e o custo de vida em Brasília era alto.

Os engasgos do meu pai durante as refeições me assustavam, e as noites eram agitadas com frequência. Sentia-me cansada o tempo inteiro, mas com uma sensação de dever cumprido.

Além da parte difícil, havia uma parte muito boa e prazerosa. Sempre gostei da companhia dele e nos dávamos muito bem. Após lavar os pratos do almoço, sentávamos juntos no sofá para assistir um filme, jogávamos dominó ou conversávamos sobre a época em que ele tinha morado na Mansão do Caminho. Eu tinha consciência de que eram momentos especiais que aplacariam um pouco a saudade no futuro. E ficava muito presente nesses momentos, observando cada detalhe do rosto dele, as marcas de expressão, os sinais, a barba, a pele, o tom de voz, os olhos marejados. De alguma forma, eu parecia sentir que as coisas mudariam novamente em breve, e, por isso, aproveitei o máximo que pude.

Havia um ponto interessante na minha relação com meu pai: eu também perdia a paciência com ele frequentemente. Fazíamos um combinado e ele não cumpria.

Eu pedia que ele me aguardasse no sofá enquanto ia comprar o pão e ele tentava caminhar sozinho até o quarto na minha ausência. Mas ele não me levava a sério quando eu falava brava com ele. Talvez pela diferença de idade, talvez porque não houvesse nenhuma ofensa nas minhas palavras ou talvez porque ele percebesse que eu estava realmente tentando fazer o meu melhor. Ele ria da minha chateação e seguia descumprindo os combinados.

— ∴≫ ≪∴ —

No final do mês de fevereiro, Ricardo chegou com a notícia de que precisaria fazer uma viagem a trabalho para a França logo no início de março, exatamente no dia do aniversário dele. Ele desejava que eu fosse também, o que me pareceu impossível diante das circunstâncias. Ao comentar a situação com minha irmã Sheila, ela prontamente se ofereceu para passar aquele período em Brasília com o nosso pai e com Jung.

No dia da viagem, ainda na área de embarque internacional do aeroporto de Campinas, ao ligar para me despedir da minha mãe, ela comentou:

— Filha, sonhei que você estava grávida.

Parei para fazer cálculos e me dei conta de que a minha menstruação estava prestes a chegar, ou não. Fiz o teste de farmácia ainda no aeroporto e o positivo apareceu em poucos segundos. Decidimos contar para a família apenas na volta da viagem, quase quinze dias depois. Enquanto estávamos na França, minha irmã nos informou que havia conseguido uma vaga para a cirurgia de catarata de que meu pai precisava em Salvador e que, por isso, ele retornaria à Bahia com ela.

Ocorre que, ao retornar ao Brasil, comecei a apresentar um quadro de hiperêmese gravídica,[59] e fiquei muito debilitada nos cinco meses iniciais de gestação. Semanalmente, precisava recorrer à emergência para receber soro na veia e não desidratar, posto que nada parava no meu estômago. Em vez de ganhar peso, como era de se esperar, perdi peso mês a mês, saindo de cinquenta e dois quilos para quarenta e sete em quatro meses de gravidez.

Foi a experiência mais desafiadora pela qual já passei até o presente momento. As náuseas não passavam nem por um instante, e não era possível ver um filme, ou realizar qualquer atividade que me ajudasse a passar o tempo. Eram horas e horas deitada no sofá, observando o balançar das folhas das árvores. Jung, meu fiel companheiro de quatro patas, permanecia deitado ao meu lado ou com a cabeça na minha barriga. A única coisa que me dava alguns segundos de alívio era escutar músicas que me conectavam a Deus. Minhas preces eram súplicas silenciosas que escorriam do meu rosto junto com as lágrimas enquanto eu escutava as palavras de Santa Teresa d'Ávila:

---

59. A hiperêmese gravídica é uma náusea extremamente forte que provoca vômitos excessivos durante a gestação.

> Nada te perturbe, nada te espante
> Tudo, tudo passa. Só Deus não muda.
> A paciência tudo alcança.
> Quem a Deus tem, nada lhe falta.
> Só Deus basta.[60]

E meu pai? Meu pai permaneceu em Salvador aos cuidados da minha irmã. E nos visitou em Brasília no carnaval do ano seguinte, quando a Marina estava com cinco meses. Foi o primeiro e último encontro entre os dois. Alguns meses depois, em Salvador, morando então com meu irmão José, ele sofreu uma broncoaspiração enquanto dormia, teve uma parada cardíaca, chegou a ser reanimado, mas não retornou ao estado normal de consciência.

Inicialmente, permaneceu na UTI, e depois, em um quarto de hospital por quase um ano, até a sua desencarnação.

Logo após o episódio da broncoaspiração, quando viajei até Salvador para visitá-lo ainda na UTI, no mês de maio, houve um episódio digno de nota, o qual jamais esquecerei. Ele estava sendo monitorado e não sabíamos ao certo o que viria dali para frente. Apesar da aparente inconsciência, conversei com ele sobre toda a situação, fiz preces e cantei algumas músicas. Não houve nenhuma

---

60. Disponível em: https://formacao.cancaonova.com/diversos/nada-te-perturbe/

reação aparente. Até que cantei uma música que ele tinha me ensinado, da época em que tinha morado na Mansão do Caminho.

> Somos companheiros, amigos, irmãos
> Que vivem alegres, pensando no bem
> A nossa alegria é de bons cristãos
> Não ofende a Jesus, nem fere a ninguém...

Enquanto eu cantava, duas coisas inesperadas aconteceram. Primeiro, escutei uma outra voz cantando junto com a minha e imaginei que estivesse escutando um Espírito desencarnado. Até perceber a presença da enfermeira-chefe ao meu lado, cantando comigo. Ela também era espírita e parecia muito emocionada, assim como eu. Na sequência, os aparelhos que monitoravam o meu pai começaram a apitar, os batimentos cardíacos dele ficaram acelerados e uma lágrima escorreu dos seus olhos.

— Você está vendo isso? Ele está escutando – a enfermeira disse.

Assenti com a cabeça enquanto acariciava o braço do meu pai. Continuei a cantar, já com a voz embargada.

Esse feito não mais se repetiu. Nenhum outro sinal de consciência foi percebido nos meses seguintes.

Durante aquele período em que ele esteve internado, eu e Ricardo nos mudamos de Brasília para Corumbá, no Mato Grosso do Sul, e, apesar de seguir cumprindo as minhas atividades maternas, profissionais e espíritas normalmente, meu coração estava sempre dolorido pela situação dele. Em uma das noites em que dormi implorando a Deus por misericórdia, tive um sonho.

Eu estava em um hospital grandioso, com pé direito alto e paredes bem alvas, e, em uma delas, havia pendurado um quadro de Adolfo Bezerra de Menezes. Um amigo, que na época era estudante de medicina, acompanhava-me naquela visita, e entramos no consultório de um dos médicos para receber notícias sobre a situação paterna.

— Larissa, você está olhando o quadro do seu pai pelo prisma da justiça – iniciou o médico –, mas onde você enxerga justiça e pagamento de dívida há pura misericórdia divina.

— Mas ele já sofreu tanto. Está há dez anos com essa doença e agora todo esse sofrimento... Como enxergar a misericórdia? – perguntei chorosa.

— Se o seu pai tivesse desencarnado quando chegou ao hospital, estaria ainda muito preso às questões da matéria e não teríamos conseguido mantê-lo sob nossa guarida. Seria presa fácil para espíritos devotados ao mal, que desejariam sugar as suas últimas energias vitais. Em breve, quando desencarnar, já estará em melhores condições para receber nossa ajuda e ficará conosco nesse hospital.

Acordei daquele sonho com o coração aliviado após longos meses de tristeza. Uma dor física mesmo parecia ter cedido e consegui até respirar melhor nas semanas seguintes.

Meu pai desencarnou na manhã de 26 de dezembro de 2018. O aeroporto de Corumbá estava fechado e não pude viajar para o seu velório. Talvez tenha sido melhor assim. Mantive a imagem dele em vida, conversando comigo no sofá, rindo das minhas chateações, repetindo inúmeras vezes as mesmas histórias sobre a mulher que disse para ele na praia: "Deus marcou para não perder".

Voltei a sonhar algumas vezes com aquele mesmo hospital espiritual e, em algumas delas, meus irmãos estavam lá comigo, visitando nosso pai. Lembro-me da sensação física de fazer carinho no braço dele como sempre gostei, e, ao acordar, ainda ter o registro da sensação tátil.

Em 2023, já morando novamente em Salvador e com mais duas filhas gêmeas, Joana e Clara, recebi um recado de uma amiga médium de Uberlândia sobre ele. Na época, ainda não éramos amigas e ela não sabia nada dessa história toda, agora registrada neste livro. Entrou em contato comigo relatando que meu pai havia visitado e precisava mandar um recado.

O recado não era para mim, era para a minha mãe. Um pedido de desculpas sincero pelos erros do passado. Dentre tantas coisas, ele revelou que, após a desencarnação da primeira esposa, ele passou a viver em uma nuvem de raiva, sem conseguir enxergar direito as coisas, como se todos fossem culpados pela sua dor. A boa notícia é que estava bem, estudando e sob a tutela de um antigo amigo, Tio Nilson de Souza Pereira. Aquele mesmo que nos recebera, tantos anos antes, de braços abertos na livraria da Mansão do Caminho.

Viajei até Salvador para visitar o meu pai ainda na UTI. Apesar da aparente inconsciência, conversei com ele sobre toda a situação, fiz preces e cantei algumas músicas. Não houve nenhuma reação aparente. Até que cantei uma música que ele tinha me ensinado, da época em que tinha morado na Mansão do Caminho.

Escutei uma outra voz cantando junto com a minha e imaginei que estivesse escutando um Espírito desencarnado. Até perceber a presença da enfermeira-chefe cantando comigo. Ela também era espírita. Na sequência, os aparelhos que monitoravam o meu pai começaram a apitar, os batimentos cardíacos dele ficaram acelerados e uma lágrima escorreu dos seus olhos.

posfácio

Mais algumas palavras...

As PÁGINAS DESTE LIVRO ESTÃO TERMInando, mas as histórias aqui narradas, não. Elas seguem em plena construção, com os tijolos do cotidiano e a argamassa da fé. Aquela mesma fé, simples e humana, da criança que conversava com Deus em busca de alívio para as angústias que lhe afligiam. Que conversava com as palavras que tinha, do jeito que sabia, sem protocolos ou quaisquer formalismos, apenas em um rasgar-se inteira para Deus – como ainda faço, mesmo hoje.

Há tantas outras histórias que vieram depois dessas, e tive dúvidas sobre até onde prosseguir com os capítulos, para que não se tornasse uma leitura cansativa e sem objetivo concreto ao amigo leitor, mas acredito que encerrei no ponto em que devia, conforme o objetivo que tracei para essas linhas.

Não é à toa que a história da minha fé esteja tão entrelaçada com a história do meu pai Benedito. A relação do ser humano com seu pai costuma influenciar a relação deste com o Pai Maior. Eu trouxe em meu coração um anseio por Deus e pela religiosidade, mas o terreno familiar e a história paterna foram um terreno fértil para as minhas experiências. Não há aqui espaço para o acaso. Exatamente ao nosso redor, aqui e agora, estão as pessoas, os cenários e os ingredientes necessários ao cumprimento do que viemos aqui experienciar.

Ao completar 7 anos, despertei para a necessidade de buscar algo que não sabia o que era. Um caminho, uma pessoa ou uma resposta. Não estava claro, mas entendi que precisava procurar.

Aos 14, encontrei um caminho, muitas respostas e pessoas importantes para a minha jornada.

Aos 21, terminou o treino e começou o jogo da vida, para valer.

Aos 28, encerrei um ciclo de desafios intensos, minha primeira filha nasceu, meu trabalho floresceu e me despedi do meu pai.

É nesse ponto que encerro as histórias aqui compartilhadas. No ponto em que há morte e vida, dor e amor, medo e fé. Contradições aparentes que, na verdade, são a pura expressão da própria experiência humana no ponto da evolução em que transitamos. Tudo continua! A morte e a vida, a dor e o amor, o medo e a fé. O fim é a única ilusão, há sempre um depois. Tanto aqui quanto no além.

Aos 35 anos, finalizo este livro no qual compartilho um pouco do que vi, vivi e aprendi até aqui. Se estas páginas, de alguma forma, contribuírem para alimentar uma faísca da sua fé em Deus, na vida, no devir da humanidade, terei cumprido meu papel com sincera alegria. Mas essa faísca que desejo alimentar aqui não é uma crença. Há muito crente com pouca fé. A crença é uma das formas de alimentar a fé, mas crença e fé não são a mesma coisa.

A fé não é apenas aquilo em que você acredita; a fé é aquilo em que você se apoia para permanecer de pé quando tudo em que você acredita parece desmoronar. A fé é uma experiência de conexão, de entrega, de aceitação, de apequenamento diante do que não se alcança. Não sou um grande exemplo de fé, longe me encontro de tal testemunho, mas carrego uma faísca teimosa aqui dentro, que permanece aquecendo a minha alma mesmo diante das iniquidades do mundo.

E se uma "fagulha de amor pode abrasar a Terra",[61] confio que mesmo uma faísca de fé pode iluminar alguns corações.

Assim seja e assim já é!

Com carinho,

Larissa Chaves

---

61. Referência a trecho da "Prece de Cáritas".

A fé não é apenas aquilo em que você acredita; a fé é aquilo em que você se apoia para permanecer de pé quando tudo em que você acredita parece desmoronar. A fé é uma experiência de conexão, de entrega, de aceitação, de apequenamento diante do que não se alcança.

Não sou um grande exemplo de fé, mas carrego uma faísca teimosa aqui dentro, que permanece aquecendo a minha alma mesmo diante das iniquidades do mundo.

E se uma "fagulha de amor pode abrasar a Terra", confio que mesmo uma faísca de fé pode iluminar alguns corações.

© 2025 *by*
Organizações Candeia
[selos editoriais
InterVidas e Infinda]

DIRETOR GERAL
Ricardo Pinfildi

DIRETOR EDITORIAL
Ary Dourado

ASSISTENTE EDITORIAL
Thiago Barbosa

CONSELHO EDITORIAL
Ary Dourado
Ricardo Pinfildi
Rubens Silvestre
Thiago Barbosa

DIREITOS DE EDIÇÃO
Organizações Candeia Ltda.
CNPJ 03 784 317/0001-54   IE 260 136 150 118
R. Minas Gerais, 1 640   Vila Rodrigues
15 801-280   Catanduva SP
17 3524 9801   intervidas.com

DADOS INTERNACIONAIS DE CATALOGAÇÃO NA PUBLICAÇÃO [CIP BRASIL]

C512f
CHAVES, Larissa [*1989–]
    Fé
    Larissa Chaves
    Catanduva, SP: InterVidas, 2025
    272 p. ; 15,7 × 22,5 × 1,5 cm

    ISBN 978 85 60960 43 9

1. Reflexões   2. Espiritualidade   3. Religião
4. Evangelho   5. Espiritismo   6. Mediunidade

I. Chaves, Larissa [*1989–].   II. Título

                                           CDD 121.8   CDU 17

ÍNDICES PARA CATÁLOGO SISTEMÁTICO

1. Reflexões : Valores : Filosofia   121.8
2. Espiritualidade : Vida e práticas cristãs   248.4
3. Religião   200.1
4. Evangelhos   226
5. Espiritismo   133.9
6. Mediunidade : Espiritismo   133.9

EDIÇÕES

1ª ed., maio de 2025, 3 mil exs.

IMPRESSO NO BRASIL • *PRINTED IN BRAZIL* • PRESITA EN BRAZILO

Colofão

TÍTULO
Fé

AUTORIA
Larissa Chaves

EDIÇÃO
1ª edição

EDITORA
InterVidas [Catanduva, SP]

ISBN
978 85 60960 43 9

PÁGINAS
272

TAMANHO MIOLO
15,5 × 22,5 cm

TAMANHO CAPA
15,7 × 22,5 × 1,5 cm [orelhas 9 cm]

CAPA
Ary Dourado

FOTO AUTORA
Fabiane Oliveira

REVISÃO
Beatriz Rocha

PROJETO GRÁFICO
& DIAGRAMAÇÃO
Ary Dourado

TIPOGRAFIA CAPA
(Positype) Flirt Script Regular
(TipoType) RufinaALT02 Regular

TIPOGRAFIA TEXTO PRINCIPAL
(TipoType) RufinaALT02
Regular 11,5/15

TIPOGRAFIA EPÍGRAFE
(Positype) Flirt Script
Regular 15/22,5

TIPOGRAFIA CITAÇÃO & VERSO
(TipoType) RufinaALT02
Bold 10,5/15

TIPOGRAFIA NOTA DE RODAPÉ
(TipoType) RufinaALT02
Bold 9/13

TIPOGRAFIA TÍTULO
(Positype) Flirt Script Regular
[60/75, 45/45, 75/90, 90/150]

TIPOGRAFIA INTERTÍTULO
(TipoType) RufinaALT02
Bold 11,5/15

TIPOGRAFIA OLHO
(Positype) Flirt Script
Regular 25/30

TIPOGRAFIA DADOS & COLOFÃO
(TipoType) RufinaALT02
Bold [9; 7,5]/12

TIPOGRAFIA FÓLIO
(TipoType) Rufina [Bold 10/15]
[Ornaments 15/15]

MANCHA
103,3 × 162,5 mm 31 linhas
[sem fólio]

MARGENS
17,2 : 25 : 34,4 : 37,5 mm
[interna : superior
: externa : inferior]

COMPOSIÇÃO
Adobe InDesign 20.2
[macOS Sequoia 15.3.2]

PAPEL MIOLO
ofsete Sylvamo Chambril Book
75 g/m²

PAPEL CAPA
cartão Bohui C1S 250 g/m²

CORES MIOLO
1 × 1: Pantone 2175 U

CORES CAPA
4 × 1: CMYK × Pantone 2175 U

TINTA MIOLO
Sun Chemical SunLit Diamond

TINTA CAPA
Sun Chemical SunLit Diamond

PRÉ-IMPRESSÃO CTP
Kodak Trendsetter
800 Platesetter

PROVAS MIOLO & CAPA
Epson SureColor P6000

IMPRESSÃO
processo ofsete

IMPRESSÃO MIOLO
Komori Lithrone S40P
Komori Lithrone LS40
Heidelberg Speedmaster
SM 102-2

IMPRESSÃO CAPA
Heidelberg Speedmaster XL 75

ACABAMENTO MIOLO
cadernos de 32 e 16 p.,
costurados e colados

ACABAMENTO CAPA
brochura com orelhas,
laminação BOPP fosco,
verniz UV brilho com reserva

PRÉ-IMPRESSOR E IMPRESSOR
Gráfica Santa Marta
[São Bernardo do Campo, SP]

TIRAGEM
3 mil exemplares

PRODUÇÃO
maio de 2025

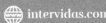 intervidas.com

 intervidas

 editoraintervidas

MISTO
Papel | Apoiando o manejo
florestal responsável
FSC® C005648
www.fsc.org

FSC FLORESTAS PARA TODOS PARA SEMPRE

Ótimos livros podem mudar o mundo. Livros impressos em papel certificado FSC® de fato o mudam.